能力导向视角下体育教育专业教学实践改革与创新

何明辉 著

北京工业大学出版社

图书在版编目（CIP）数据

能力导向视角下体育教育专业教学实践改革与创新 / 何明辉著. — 北京：北京工业大学出版社，2025.7 重印

ISBN 978-7-5639-6483-3

Ⅰ．①能… Ⅱ．①何… Ⅲ．①体育教学－教学研究－高等学校 Ⅳ．① G807.4

中国版本图书馆 CIP 数据核字（2018）第 302595 号

能力导向视角下体育教育专业教学实践改革与创新

著　　者：	何明辉
责任编辑：	刘子阳
封面设计：	点墨轩阁
出版发行：	北京工业大学出版社
	（北京市朝阳区平乐园 100 号　邮编：100124）
	010-67391722（传真）　bgdcbs@sina.com
经销单位：	全国各地新华书店
承印单位：	三河市元兴印务有限公司
开　　本：	787 毫米 ×1092 毫米　　1/16
印　　张：	10.5
字　　数：	190 千字
版　　次：	2021 年 10 月第 1 版
印　　次：	2025 年 7 月第 4 次印刷
标准书号：	ISBN 978-7-5639-6483-3
定　　价：	35.00 元

版权所有　翻印必究

（如发现印装质量问题，请寄本社发行部调换 010-67391106）

前　言

体育教育是教育的组成部分,是通过身体活动和其他一些辅助性手段进行的有目的、有计划、有组织的教育过程。体育教育本身是一个完整的体系,分为普通体育教育和专门体育教育两大类。其基本特征是突出的教育性和教学性。体育教育以教学为主要途径,以课堂教学或专门性辅导为主要形式,以身体练习和卫生保健为主要手段。

人们越来越清楚地认识到体育是提高人的生命和生活质量的重要基础与保证,体育在现代社会中的独特作用和重要性日益突出。体育课程作为素质教育重要组成部分的性质也越来越鲜明。为了实现基础教育课程改革的总体要求,满足教育发展对体育课程建设的需要,体育课程改革把提高学生的健康水平,促进学生全面和谐的发展,为培养社会主义现代化建设需要的高素质劳动者服务,作为课程改革的总目标。基于此,笔者特著此书。

本书在体育教育的基本概述上,论述了我国体育教育专业和课程的现状和思考,并基于国际视野,对比分析了各国体育课程的发展与改革,从而提出了中国体育教育专业实践的改革理念——以能力为导向,追求终身体育和同步推进的发展思路,详细论述了能力导向下体育教育改革的具体内容与实践形式,最后,对未来体育教育专业教学的改革和发展做出了大胆展望。

本书在写作过程中,参考了大量关于体育教学与改革的文献资料,在此谨向提供帮助的各位作者表示真挚的感谢。另外,由于时间紧迫,笔者能力有限,书中存在的不当之处,请广大读者批评指正。

目 录

第一章 绪论 ·· 1

第一节 体育教育的概念及特点 ··· 1

第二节 体育教育专业教学实践的目的 ································ 8

第三节 体育教育专业教学实践的任务 ······························· 12

第四节 体育教育专业教学实践体系构建 ··························· 14

第二章 我国体育教育专业教学实践的现状与反思 ··············· 19

第一节 体育课程发展现状及其对体育教师的要求 ············· 19

第二节 现行体育教师教育课程审视 ································· 25

第三节 对我国体育教师教育课程设置的思考 ··················· 28

第四节 我国高校体育教育专业教学实践课程模式构建 ······ 34

第三章 国际视野下的体育教育专业教学实践改革 ··············· 43

第一节 美国体育教育改革 ··· 43

第二节 德国体育教育改革 ··· 62

第三节 新西兰体育教育改革 ·· 67

第四节 中国体育教育的发展与改革 ································· 75

第五节 国内外体育教育改革的比较 ································· 95

第六节 我国体育教育的反思 ··· 102

1

第四章 中国体育教育专业实践的改革理念——能力导向 ……… 113

第一节 能力导向下大学体育课程的需求和发展 ……………… 113

第二节 能力导向下以"终身体育"为导向的个体发展 ………… 117

第三节 能力导向下以"同步推进"为总体路径的发展思路 …… 121

第五章 能力导向下体育教育改革的内容与实践 ……………… 123

第一节 能力导向下大学体育课程目标设置 …………………… 123

第二节 能力导向下大学体育课程内容体系 …………………… 124

第三节 能力导向下大学体育课程组织形式 …………………… 127

第四节 能力导向下大学体育课程方法手段 …………………… 129

第六章 高校体育教育专业教学改革策略与实践 ……………… 132

参考文献 ………………………………………………………………… 158

第一章 绪论

第一节 体育教育的概念及特点

如今,世界各地的学者和教育专家等对教学艺术的研究和探讨愈加重视,也上升至课题研究的高度。但在体育教育领域,对其背后艺术的探讨却还处于初级阶段,无论是对体育教育艺术的理解还是对其概念的认知,都停留在一个相对模糊的阶段。

在日常的体育教学中,往往会采用"经验性"的教学方式。其实这是一种极为浅层次的理解方式,它还需要融入科学性的教学方式,这样才可以上升至艺术教学的高度。体育教学艺术概念的究竟以什么作为衡量标准,它的基本原则又是什么?

现实中,有些学者强调体育应该遵守的基本特性,如:体育老师应该具备专业的体育知识和技能,自身体育素养文化高。还有的学者强调体育教学艺术好比是示范生的艺术展现方式,要求体育老师将自身的灵感和热情通过不断实践的方式传递给学生,形成自己的教学风格和艺术风格等。虽然这些都从不同角度阐述了体育教学艺术的组成以及实践方式,但缺少对体育教学艺术的全面而科学的界定。

在笔者看来,体育教学艺术应当是在科学教学的基础上,熟练且富有创造性开展体育教学活动为目的,发挥体育教师独特教学方式以及让学生高效、有计划性的开展学习活动。可以说,体育教学艺术本质或真谛就在于教学符合规律性与教学具有独创性的完美结合。

一、体育教学的主要特征

体育教学不仅仅是一门学科,还是一门具有特殊意义的艺术学科。它是授课者知识体系和智慧的反映方式,在遵循科学教学的基础上,开展的一种高效性、科学性、有计划性的实践活动。在促进师生形成良好学习氛围的同时,对体育教学艺术进行探索和揭示。它在很大程度上反映了其艺术内在的特性,对把握体育精髓和内涵起着重要的作用。

（一）体育教学艺术具有形象性与审美性相结合的特征

艺术形象在现实体育教学中可以很直观地让老师和学生感受到，它不是孤立而抽象的概念。艺术的表现自然离不开人的形象，人红润的肤色以及富有弹性的肌肉，以及穿着打扮、仪容仪表等体现在体育教学中。体育教学艺术的审美性是指在整个体育教学过程中都能给人以美的感受和体验，使学生得到美的熏陶、美的愉悦和美的享受。

它主要表现在教学计划、方案新颖而又具体可行；体育教学过程的美表现为整个教学过程自然流畅，课的各部分内容搭配合理、衔接紧密；体育教学方法的美表现为讲解生动形象、简炼、富有感情；体育教学示范的美表现为教师动作准确、流畅、协调、优美，极富观赏性；教态的美主要表现为教师着装美观大方，态度真诚热情，教书育人，为人师表。形象性和审美性的统一即外在形式和内在意义的完美结合，是体育教学艺术表现的最基本特征，它反映了体育教学艺术的基本属性，是与现代教育要求和体育运动的审美需要相一致的。

（二）体育教学艺术具有情感性与娱乐性相结合的特征

体育教学艺术与人的情感心理因素密切相关，可以说它是以审美为基础的富有情感的艺术。心理学对人的情感发展规律研究表明，幼儿的情感主要与其生理需要是否得到满足相关，而青少年特别是成人的情感主要与其社会心理需要体育教学艺术在激发和使用情感因素时，必须考虑学生所处的情感发展水平及特点，遵循人的情感发展规律，通过创设情节、情境，使学生在生动形象、情感交融的教学氛围中学习体育知识，掌握技术要领，提高运动能力，锻炼身体，发展个性，陶冶情操，娱乐身心。

体育教学艺术不同于其他教学艺术的特点之一就是课中师生自始至终都要融入到他们所共创的欢乐、喜悦、和谐的情感氛围之中，即要体现出娱乐性。这种娱乐性是由体育运动本身的娱乐性和趣味性所决定的。缺少娱乐性的体育教学，其实质就是缺乏对体育运动本质和体育教学内涵全面理解的体育教学，它不是艺术化的体育教学。这也就说明了体育教学任务除了锻炼学生身体、强健体魄、传授体育"三基"、进行思想品德教育以外，还应包括学生在教学过程中获得快乐、喜悦的情感体验等。情感性与娱乐性的有机结合，即创设富有审美意义的情感交融的教学环境和欢快愉悦的教学氛围是体育教学艺术区别于其他教学艺术的显著特征。它与体育教学特点和身心并育的教学宗旨相吻合，能激发学生的学习兴趣和练习热情，使学生心情愉快，乐学好学，真正达到寓教于乐，寓理于情，以情导教。

（三）体育教学艺术具有创造性与个性化相结合的特征

体育教学艺术是具有创造性的艺术，不是重复重演，更不是满足于过去成功的教学范例，老是守着自己的传统经验不放。要有创新意识和创新精神，努力摆脱惯性思维和经验思维的束缚，注重发散思维、逆向思维、联想思维等创造性思维在体育教学中的运用和体育科学知识的积累、更新，时刻审视体育教学发展动向，把握新世纪体育教学特点，勤于思考，大胆探索，勇于实践，不断创新。做到课课有新意，课课有特色，课课有突破。这是对体育教师教学艺术的最高要求。从实践经验看，成熟的体育教学艺术一般都是个性化了的、富有创意的，形成了个性所独有的教学风格。有的教师重"趣"，以幽默风趣著称；有的教师重"情"，以感情奔放见长；或精雕细刻，抓步骤抓细节，组织严密，教堂严谨；或大刀阔斧，抓重点抓难点，轻松活泼，善教乐学。真可谓千姿百态，各具特色。

体育教学艺术的创造性同教学主体的个性是紧密联系在一起的。从体育教学艺术创造的角度讲，创新是体育教学艺术创造的主旋律，但若没有鲜明的个性，创新也就缺乏活力，缺乏生气，其艺术创造就会显得苍白无力。从个性——创新——发展的体育教学艺术发展和提高的关系中，我们不难看出，体育教学的组织形式和教法手段等的新颖性、独特性、创新性乃至灵活性，无一不是体育教学主体个性化特征的表现。教学主体个性的解放和发展是教学艺术创新的前提，它为体育教学的艺术创造提供了源源不断的动力。

二、体育教学专业实践教学的影响

体育教学艺术能够培养学生完善的审美能力，也可提高学生认识美的水平。体育学科是一门实践性很强的学科，体育教学要达到预期的效果，必须充分利用示范、挂图、教具和录像等直观方式，发挥学生的视觉、听觉、本体感受等感觉器官的作用，直接形象地鉴赏感受包涵自然美、艺术美、社会生活美。体育教学中的人体自然美蕴含的美地情感、美的艺术、美的个性，都能使学生产生一种愉悦的体验。体育中艺术性特点，使学生在体育教学中，培养对艺术美的感知、理解、鉴赏和创造能力；对自然美、艺术美、欣赏美的热爱，产生了对体育浓厚的兴趣。

体育教学艺术通过对学生各种功能兴奋性的调动，使他们进入高效率练习状态，学习行为所产生的认识结果和情感结果使他们逐步形成了符合自己的逻辑水平和价值观念的审美标准，这是审美判断的依据。教师在学生中审美的表现是学生学习的一项内容，掌握了教学艺术的教师，其教学是形式多样的立体统一，将产生很大的影响作用于学生的心灵深处，这样的教师往往是学生崇拜的偶像，教师的言行都能引起学生模仿的意向和行动。

（一）增强学生学习积极性的感召力

情感是人类行为较高层次的动力源，这是理想人才成功的一个重要原因，也是进一步发展的内部驱动力，情感教所要达到的目的和理想人才的情感性相吻合。因此，可以培养学生的积极情感。进行艺术化教学的教师，其单向情感的传递是实现多向性情感交流的手段。体育教学中可以从以下几方面培养学生积极的情感而设"境"。

1. 丰富体育教学艺术设境

教学内容、教学方法的选择和教学手段的运用，既要有针对性和科学性，又要有合理性和艺术性，融益智、健身、染情和添趣于一体，使学生在练习中入趣、入情、入境，获得生动活泼的主动发展，以最短时间、最少精力取得最大效率。因此在组织体育教学时应注意：多创设一些情境，来调动学生的积极性，充分利用体育器械，采用多种方式，在两人间或小组间按竞赛活动来进行，一堂体育课的教学最好能使新旧教材合理结合起来，这样有利于让学生有多种情绪体验，使紧张与放松、愉快与兴奋的情绪能在短时间内交替进行，根据教材内容的简单和复杂程度，创设相应的教学情景。

2. 创设问题情境

就是把那些未知与已知的需要学生解决的矛盾问题带到一定的情境中去，激发学生的兴趣，燃起对知识追求的热情；通过体育教学评价设境，使学生获得肯定的满足和快乐的体验，以稳定已获得的学习兴趣，巩固学习动机。因此，在体育教学中，为创造良好的场景，课前根据教学内容和要求，合理地规划教学场地，设计美观大方、路线清晰，器材力争新颖，标志物醒目等，都可使学生增添美感。

3. 重视情感的感染性

体育教师所表现的行为能有效地影响或改变学生的心理和行为，使学生的求知欲和对体育的需求不断得到满足，良好的心理定势不断稳定。同时，组织教学过程中，恰当地运用面部表情和幽默的语言、手势等无声语言可使学生保持适宜的兴奋状态，调节课堂气氛,加强情感的感染力。

(二)教育性体育教学的认知方面体现

1. 教育性体育教学的认知方面既体现在体育教学的目的层面上,又体现在体育教学的过程层面上。

对于目的层面上的认知要求,笔者认为,就是增强学生体质,增进学生健康,培养学生终身体育的意识、习惯和能力。体育教学是完成学校体育目标的基本途径,关于学校体育的主要目标问题,我国学者在认识上虽有所争议,但比较一致的观点是"增强学生体质,增进学生健康"。对此,国家教育部下发的《全国普通高等学校体育课程教学指导纲要》在对体育课程性质进行定位时也说明了这一点。至于有的学者认为,体育教学无法达成"增强学生体质,增进学生健康"的教学目标问题,笔者认为这并不能抹杀体育课程在增强学生体质,增进学生健康方面的本质功能。在任何情况下,增强学生体质、提高健康水平都是重要和首要的功能,体育课程实施应该牢牢抓住"强身健体"这一本质目标。因为,只有紧紧抓住"强身健体"这一本质目标,通过体育教学活动,教会学生通过体育增进健康的这种能力,培养学生终身体育的意识、习惯和能力,才有可能达成"增强学生体质,增进学生健康"的目标。

从二者之间的关系来看,培养学生形成终身体育的意识、习惯和能力本身就是为了"健康第一"目的的实现,二者之间是相辅相成的关系。我国学者陈琦曾对此做过一次专家调查,调查结果显示,对学校体育应将"增强学生体质、增进学生健康"与"为学生终身体育打基础,培养学生终身体育意识、能力和习惯"有机结合起来的认同感较高。笔者将"增强学生体质,增进学生健康,培养学生终身体育的意识、习惯和能力"作为体育教学教育性目的层面的认知要求是符合体育教学目标的本质要求的。

关于教育性体育教学过程层面上的认知要求,就是掌握体育的基本知识、基本技术与基本技能。体育课程的本质属性是学生进行运动性认知学习,最主要的功能是学习掌握体育知识技能。从这个层面讲,体育教学就是教师与学生之间的运动技术的练习活动。在此过程中,无论是增强学生体质,增进学生健康,还是培养学生终身体育的意识、习惯和能力,都是以一定的知识技能为基础的。体育的载体是教育环境下的身体活动,这种身体活动需要科学的方法和手段,而科学锻炼身体的方法大都离不开运动技术,而且许多运动技术本身就是锻炼身体的方法。同时,运动技术的学习既是一个身心活动的过程，更是一个生理机能发生变化的过程，这个生理过程本身就具有生物性改造的作用与效能。因此，从体育课程的根本目的来看，应该更强调运动技术学习的工具功能，即通过运动技术的学习达到养成运动爱好和专长的目的，促进学生体育锻炼习惯和终身体育意识的形成。

在运动技术的学习过程中，要根据学生的体育认知水平和能力，科学合理地设计与安排体育教学内容、方法、组织形式、场地器材和运动负荷，为学生创造愉快地进行运动的教学情景，使学生在学习运动技术时，能够理解与正确评定所学技术的原理、功效和价值，调动学生的理性思维能力，使学生通过教学活动，能够主动学习与掌握一定的体育知识与技能，从而提高学习的效能。否则，就会是教师只是在"讲"，而不是在"教"。只有这样，体育教学活动才是教学双方经过一致努力实现的一种可能性的教学实践活动，体育教学才会具有"教育性"。

2. 教育性体育教学的伦理方面 教育性体育教学在伦理方面的要求也既体现在体育教学的目的层面上，又体现在体育教学的过程层面上。

从目的层面讲，教育性体育教学要求其教学内容必须具有道德教化（思想品德教育）的价值，而不仅具有认知方面的价值。体育教学是否具有伦理方面的价值，不是以教育者的主观想象为依据的，它有一定的评价标准，但究竟教育性体育教学应该追求怎样的伦理目标呢？笔者认为主要体现在以下两个方面：一是要反映社会对人的道德影响与道德要求，现阶段主要是体现在是否符合社会主义荣辱观教育上。二是要体现在培养和形成学生良好的体育道德品质、体育审美能力和个性上。那么，选取以上两方面作为目的层面的依据是什么呢？

首先，道德标准的确立是和一定的时代背景与社会发展需求休戚相关的，它应与社会的主导价值观相一致，从理论上讲，只有符合社会主导价值观需要的"教育性"，才具有思想品德教育价值。

其次，道德标准的确立必须反映出体育教学的本质特征，并有利于促进认知方面的需求。这就要求教师要努力挖掘各种教学内容的思想性，做到教育与身体活动相结合，"技"与"道"相结合，如球类课程教学，能够培养学生团结协作的集体主义精神和保持良好人际关系的能力；武术课程教学可以培养学生尊师重道、讲礼守信、见义勇为的道德情操；田径课程教学可以培养学生勤奋刻苦、果断顽强的意志品质和自由精神等。只有这样，在具体的教学活动中道德教化的价值才有可能实现。

关于教育性体育教学在过程层面的伦理要求，主要指教师教学态度、教学方法必须从道德的角度讲是可以接受的，这就意味着教师在教学活动过程中必须尽最大可能地体现教学公平，这是一个总的原则性的要求，至于其具体的涵义则是多方面的。在体育教学中实现教学公平，首先要确立教师与学生之间、学生与学生之间的平等地位，这是体现教学公平的基础，也是教师首要遵循的伦理准则。其次要确立教学认知方面与伦理方面的平等地位，防止在教学过程中的运动技术教学的过分强化式偏离和道德教育的过分弱化式偏离，如体育教学就不能等同于运动训练。第三是教师教学方法的使用要有助于学生道德知识、道德情感和道德意志的形成。如果教师以强迫、威胁、体罚、命令等方式来促使学生学习，或者为了教师自身的权威恶意削夺学生上课的权利，对在教学过程中发生的故意违反社会道德规范的行为视而不见等，就不利于学生形成优良的道德品质，也就无法实现体育教学的"教育性"。

3. 伦理方面的生长寓于认知方面的生长之中。

在任何情况下，增强学生体质、提高健康水平都是体育课程重要和首要的功能，体育课程实施应该牢牢抓住"强身健体"这一本质目标。传授知识是教师的本体性活动，体育教师有育人的活动，包括教学生如何做人的活动，但这是以不离开体育知识、技术、技能传授为前提的，缺乏这一基础，思想品德教育往往会显得苍白无力。

认知方面的生长受制于伦理方面的生长。个体认知能力的生长，并不仅仅取决于个体的先天智力遗传素质，或通过后天教育掌握了多少知识，他在很大程度上还取决于个体是否具备与认知生长有关的美德特征，比如坚韧、认真、努力、审美能力等。在体育教学中，学生如果具有了这些美德，就会对自己的学习兴趣、态度树立正确的价值观念，从而促进认知方面的学习效果。如在技术教学过程中，体育审美能力的提高，就会促使学习和掌握规范的运动技术；在身体素质练习中，对形体美的追求，可提高学生练习的积极性和主动性。反之，就会产生消极的阻碍作用。某些教学行为方式可能既不利于学生认知方面的生长，同时也不利于伦理方面的生长。比如，放任型教学（"放羊型"和某些所谓的"三自由型"俱乐部教学模式）、灌输式教学就是如此。通过上述讨论可以发现，教育性体育教学包涵着两层涵义：一是"通过教育学习运动"；二是"通过运动进行教育"。它既有认知方面的特征与要求，又具有伦理方面的特征与要求。

第二节 体育教育专业教学实践的目的

一、树立正确的体育教育思想

体育教育通过科学有效的推进，树立自身教学方式方法的同时，建立起体育教学评测体系，让教学目标更加明确，有助于开展体育教学。在实践中，体育教学目标和教育方式比较容易混淆，因此要加以区别对待。其实，两者既有联系，也有很大的区别。教育目的的变化往往表现为教育理解方式的变革，而教育目标则具有可经验特征，表明教育可经验的一面。为了更好地理解教育目的和教育目标，以及它们在教育学中的地位和功能，需要对目的和目标这两个概念作一点抽象的梳理。

（一）目的和目标的异同

目的一般指人或组织对行为结果的主观设想，是一种主观状态；而目标是意识所针对的具体的行为对象，是客观可经验状态。因而，目的可以是内隐的，而目标是外显的。目的是客观满足主观，产生主观体验状态；而目标是主观合乎客观，产生可经验状态。例如，一个人想射箭，这种目的实际上就是一种主观欲望，就必须要有真实存在的弓箭及其状态合乎需要才能满足，但是目标如是射中箭靶或靶心，就必须使自己的主观状态，如控制弓箭的注意、力量和能力，合乎达到射中箭靶或靶心所需遵守的规则和标准，并且依此产生客观行为，才能达到。这是可经验或可检验状态。

目的可以是远期的，而目标一般是暂时的。例如，商人长远目的是发大财，但做好每一笔生意就是目标。

目的是完整的，而目标是分解的。例如，教育目的可以指培养什么样的人，而这要通过各个具体目标，如智力方面、人格方面、行为方面等目标的实现而达到。

目的具有稳定单一性，而目标可以多样性。例如，老农劳动的目的是想在市场上换回货币，但实现这个目的，具体目标是可以多样的，可以通过种蔬菜，也可以种花果等。

（二）教育目的和教育目标的区别

目的和目标，就功能和起止而言，在教育上的区别和表现是什么？大体而言，教育目的是动因，起发动教育或教育发生的作用，是起点；教育目标是规范教育的行为和过程，起校正作用，是终点；教育目的达到与否，由教育目标实现与否为标志，但教育目标的实现，并不一定意味着教育目的的达成，这一分离表明教育目的与教育目标之间尚缺乏有机、完整的联系。

很多时候，教育教学的目标能否实现与过往经验有关，教学目的的达成则需要引入主观性的体验。就教育目的本身来说，它的侧重点在于人或学习的角色。或者是要培养什么样的人才等。事实上，教育史上有些观念过于陈旧，只片面地强调地知识的吸收和理解，却忽视了学习个体自身素质的发展。

从形成思路上讲，区别在于，教育目的是一种具体的设想或意图，一般不会离开当下的社会形态和需要，并针对当下社会、环境所规定的角色，由此产生或设定，是"具体——具体"的思路；而教育目标的设想或意图则具有假设性和抽象性，更多是指从"人"的假设引出可能具有或可以形成的抽象的品性禀赋之类，是"抽象——抽象"或"抽象——具体"的思路。

最后，就来源而言，所谓的教育目的和教育目标都来自三方面。一是指学者、思想家们的设想；二是指教育实践家的见解；三是指一个国家的政策规定。这三者之间的功用是不一样的，包含的内容也不一样。第一者，更多是表达对人、角色及其身心品行之类的理想设计，主要属于思想范畴，具有很大的个人色彩，作为思想遗产，最多具有启发和影响后人思想的作用；第二者中包含第一方面的内容，但也包含有源于自身的教育实践经验内涵，含有当时的一定的群体意愿，作为思想遗产和经验总结的混合，对后人的实践有借鉴作用；第三者主要是统治阶级或社会主导阶级的意愿和利益，对所辖范围内的教育机构和组织具有强制作用。最后者是公共教育体系出现后才有的现象。

根据培养目标、体育教学目的，首先是要使学生明确增强体质的意义，形成对体育的正确认识，养成经常锻炼的习惯和树立终身健身的思想；其次是要使学生掌握健身的知识和方法，形成一定的运动技能，并能合理地运用多种运动技能和方法进行锻炼；第三是要发挥体育的多功能特点，促进学生身心全面发展。应该说，体育教学目的的确立是大家所认同的，但在转化成具体的教学目标时，由于多种因素的影响，目的和目标相混淆，目标和手段不一致的偏差是客观存在的。

在现行的体育教学大纲中，教学内容体系的构建，有相当一部分学校的重点在于各竞技运动动作技术的传授和运动能力的提高。在课堂教学目标上则侧重掌握体育基本知识、基本技术和基本技能，并自觉或不自觉地以公认的优秀运动员的运动技术作为技术规格加以追求，因而教学过程就必然依照动作技术的内在联系和运动技能形成的规律来组织，成绩考核也以技能的掌握和成绩的高低作为最主要的标准。这固然有利于技术技能的掌握，也能在一定程度上发展身体素质和运动能力，但它往往忽略了教学目标的其他方面，导致了学校体育的多功能特点的弱化，难以正确地形成对培养学生兴趣、能力、健身意识及应具备的个性品质等的全面要求，也不可能较好地把握对应于教学目标的相关标准。因而除了在运动技术技能和体育的基本知识等方面外，教学目标的其他要求就具有很大的随意性，很难达到教学目的所要求的多元目标，从而导致教学目标和教学目的的不一致。

（三）教学目标与教学目的协同思考

教学目的确定以后，教学目标即应以教学目的为归属，将教学目的分解、渗透、内化在教学目标中，使之协调一致，共同发挥作用，从不同的层次，不同的角度来主导教学过程，通过各个教学目标的实现来达到教学目的。

体育教育思想是体育教学的先导，科学的体育教育思想，就是符合社会和体育发展规律、符合体育认识规律、对体育教育具有指导意义的一种社会意识形态。根据体育的本质功能，增强体质和提高健康水平是体育的目标。随着社会的发展、生活质量的提高，人们将体育作为娱乐和消遣活动的愿望日趋明显，终身锻炼的要求日趋强烈，终身体育将成为人们的基本需要。而运用科学的方法，采取多种手段进行锻炼是有效地增强体质的必然要求。因此，体育教学目标就要定位在落实增强学生体质、培养他们的体育意识、养成自觉锻炼的习惯、掌握科学锻炼的手段和方法、树立终身体育思想、促进他们身心全面发展这一根本目的上。这也是我们应该贯穿在教学过程始终的体育教学观。

选择正确的教学内容与教学方法，强化体育的多功能目标教学内容和教学方法是实现教学目标，达到教学目的的两个重要因素。教材内容的选择，既要考虑其生物性价值，也要考虑其教育性价值，科学性和实效性相结合。要将身体锻炼知识、运动技能和手段的掌握、健康水平评价、运动技术原理等合理地贯穿在教学过程之中，使之有机结合,适应体育与健康教育相结合的发展趋势。在教学方法上,要突破传统教学模式的束缚,善于运用多种方法发挥学生的主体作用。既要运用"快乐体育"方法,使学生领略体育的乐趣,在愉快的气氛中增强体质,也要运用"磨难体育"手段,使学生接受困难的挑战,在艰苦的磨炼中锻炼意志。并要注意课内课外结合,课内侧重传授知识,掌握技能,培养健身意识,介绍自我锻炼方法。课外则自主的或有组织地进行锻炼,终身健体,以解决教学时数不足而影响教学目标实现的矛盾,从而保证健身意识、锻炼手段和方法等分类目标的实现,这样他们的创新意识和个性才能得到锻炼和发挥。

二、建立科学的体育教学评价体系

评价对教学具有导向作用,科学的体育教学评价方法对提高体育教学目的和教学目标的协同作用具有重要意义。它必须既要客观地评价体育教学的结果,更要重视整个体育教学过程,尤其是应反映学生提高的幅度和可能产生的深远影响,纠正以体能来反映体质状况、以技能反映教学效果的以偏概全的评价方法。制订出能将体育教学的结果评价和过程评价有机结合起来,着眼于明天,侧重于发展,有利于改进的评价体系。以利于树立正确的教学目标,实现体育教学目的。

体育教学目的是服从于教育目的的,它是确定而不容许随意更改的。而体育教学目标却是一种策略,它是灵活的,是因对象和发展水平不同而有差异的,它总是以实现教学目的为出发点,它既要考虑增强体质这个本质特点,又要考虑包含心理的、非智力的、人文目标的、社会的等多目标要求,使学生具备可持续发展能力。只有当这些因素都有机地结合在一起,并在教学过程中科学地分步实施和实现的时候,我们才能说教学目标与教学目的是协同一致的,能力的提高;开展文体活动,则能增强集体主义观念等。在这类活动中,不仅可以增强学生的体质,改善和提高中枢神经系统的功能,神经活动的平衡性和灵活性,提高大脑皮层分析和综合能力,而且也能发展学生的观察能力、记忆力、思维力、想象力。

第三节 体育教育专业教学实践的任务

近年来，对体育课的教学任务开展了广泛的讨论，争论点主要集中在增强体质和"三基"教学谁为主的问题上。由于指导思想不同，主次不同，在处理一系列具体问题时出现了显著差异。例如，评价一堂体育课的质量时，前者强调运动量是否适当，后者强调"三基"教学效果是否良好；在选择教材内容时，前者强调教材的趣味性，以调动学生锻炼积极性为依据，后者强调教材的系统性，以培养学生掌握体育锻炼的方法为依据；在评定学生体育成绩时，前者只考核几个运动项目的"达标"，后者主张全面考核，包括体育知识考试，部分运动项目的"达标"和技评，以及学习态度，在调配教师时，前者强调教师的工作态度，后者强调教师的业务水平和组织能力。诸如此类的问题还不少，看来，对体育教学任务的认识有必要进一步探讨，以求认识上的基本统一才好。

体育教学是学校体育的重要组成部分，无疑应该为完成学校体育的任务服务，即增强学生体质，完成"三基"教学，进行思想教育，这三项任务必须全面贯彻。正像党的教育方针一样，应该培养德、智、体全面发展的人才，缺一不可。体育教学的任务是从学校教育这个整体提出的，增强体质是目标，"三基"教学是手段，思想教育是导向，我们应该全面理解，深刻领会，不可偏见。

增强体质的含义是指促进身体各部分系统形态结构的正常发育，促进生理机能的加强和新陈代谢水平的提高，以及促进身体素质的发展和对环境适应能力的增强等，掌握"三基"的过程则是大脑皮层建立条件反射暂时联系的过程，它与增强体质过程有着本质上的区别，但两者又同时存在于同一身体运动表现形式之中，互相联系，互相促进，互为条件，它们是既对立又统一的一对矛盾，在教学实践中，要想取得很好的效果，必须考虑矛盾双方的关系。如欲教学某一动作技术时，必须分析是否符合学生的身体条件，反之，新的运动技术技能的形成又促进体质水平的提高。所以，体育课的运动量和练习密度是否适当，不仅是作为检验增强体质的标准之一，也是作为检验传授"三基"过程是否符合教育规律的标准之一。

体育课除了遵循其他课程都要遵循的认识事物的一般规律外，还要遵循动作技能形成的规律和人体生长发育的规律，传授"三基"的过程，也就是增强体质的过程。体育教学是一个培养人和教育人的过程，它以独特的"运动"手段和固有的"教学"形式达到教育和培养人的目的。因此，"运动"就构成了体育教学的核心内容，在教学实践中，无论是发展身体，传授技能，还是思想行为塑造都是通过"运动"进行的，由于教学本身具有多功能，围绕"运动"而进行的教学也会产生多种"运动效益"，不仅可以发展身体效益，还可以获得知识技能效益，还可以产生发展智能效益。所以，通过体育教学，要使学生获得整体的运动效益，不能片面强调某一特殊性，而排斥其他任务的必要性。

马列主义活的灵魂是具体问题具体分析，的确，在教学实践中，我们会遇到许多问题和实际困难，例如：现在大学生的体育基础很差，大部分学生无明显特长，掌握的体育知识和技能很少，在学校中，一些非常普及的项目，如田径、篮球、排球等，几乎什么也不会的大有人在。因此，选定教材内容时不可能按教学大纲的要求进行，只能采取减少内容，降低难度，补中学课的办法，这样做，不能认为是强调增强体质，忽视"三基"教学，恰恰是从对象的实际出发，为全面完成体育教学的整体任务而采取的行之有效的手段。又如，根据师范院校的特点，为了使学生毕业后在体育锻炼方面能够为人师表，可以指导学生开展体育活动，具有当班主任的多种才能，在教学中，十分重视"三基"教学，这是符合培养目标的要求的，从表面上看，对增强体质的效果有一定的影响，但是，从长远来看，对学生是有好处的，与整体任务的完成并不矛盾。再如，在体育课中，坚持抓住思想教育，培养学生热爱社会主义祖国，热爱党，热爱人民的好思想，树立良好的体育道德风尚，具有勇敢、顽强，敢于克服困难和战胜困难的优良品质，不仅是培养社会主义接班人的需要，同时，也是调动学生锻炼身体的自觉性和学习"三基"的积极性所必需的，对完成体育教学的整体任务有积极的推动作用。思想教育的导向作用不可低估，绝不能可有可无。

无论情况怎么特殊，问题怎么复杂，都没有理由动摇体育教学的整体任务的全面完成。客观世界是运动的，矛盾也是运动的，矛盾的主次受时间、空间等条件影响而发生互相转化，具体到某一阶段教学或某一堂课的教学，侧重面有所不同，这是正常的现象。在"三基"中，基本知识、基本技术、基本技能之间也是有区别的，又以谁为主呢？片面强调哪一方面为主，忽视另一方面的做法，对完成整体任务都是不利的。

笔者认为，体育课的任务在我国体育教学大纲中已有明确的规定，体育教师必须认真学习、贯彻教学大纲，按照大纲的指导思想去分析和钻研教材，将体育课的基本任务的综合完成，不断提高到一个新水平，从而不断地提高体育教学的质量，更好地为完成学校体育的任务作出贡献。

第四节 体育教育专业教学实践体系构建

一、构建实践教学体系的指导思想

《教育部关于进一步深化本科教学改革全面提高教学质量的若干意见》中指出：高度重视实践环节，提高学生实践能力。要大力加强实验、实习、实践和毕业设计（论文）等实践教学环节，特别要加强专业实习和毕业实习等重要环节。要采取各种有力措施，确保学生专业实习和毕业实习的时间和质量，推进教育教学与生产劳动和社会实践的紧密结合。

实践教学与理论教学既有密切联系，又有相对的独立性。它对提高学生的综合素质，培养学生的创新精神和实践能力有着理论教学不可替代的特殊作用。实践环节的教学是高校教学工作的重要组成部分，是培养学生实践能力和创新能力的重要环节，也是提高学生社会职业素养和就业竞争力的重要途径[①]。体育学科是在教学理论指导下的实践性学科，体育教育专业无论是从"体育"的角度，还是从"师范"的层面，注定是一个实践性和应用性极强的专业。遵循系统性、先进性、渐进性等原则，构建以培养体育教师应用能力为主线，以专业知识和技能为支柱，能力培养与素质教育相结合的应用型体育教育专业实践教学体系尤其重要。

二、构建实践教学体系的基本思路

很多时候，实践教学是以人才培养计划为核心要素。对学生进行有计划的授课，让他们通过实践将课堂上所学的内容进行吸收。

1.注重实践性教学，在培养目标的总体规划下，要清楚地知道教学中主次顺序和任务目标，确保每个教学任务都能完满达成。同时，也必须符合各个大学的实际情况，

---

a 俞仲文．高等职业技术教育实践教学研究［M］．北京：清华大学出版社，2004.

符合我国高等教育规律和人才需求规范。

2.大力推进实践性教学。在人才培养计划和目标方面下工夫，以人为本，科学地制定授课方案和培训计划，让师生之间的学习和交流在一个良性的氛围内进行。同时还要加大对理论体系的建设，让其切实运用在体育专业的各项实践中，形成强有力的支撑。

3.通过系统的实践训练，强化理论教学内容；训练基本专业技能，提高知识技能的综合运用能力，加深对专业、行业、社会的认识；通过实践教学过程，使学生完成从感性认识到理性认识，再从理性认识到实践的飞跃。使学生了解学校体育在基础教育中的作用及地位，培养其扎实的专业思想；使学生掌握与体育教育专业相关的基础知识和基本技能，能从事区域基础教育的体育教学、训练及社会体育指导等工作。

三、实践教学体系框架和运行模式

根据专业培养目标和要求，体育教育专业对学生实践技能、创新性和创造能力进行系统培养。专业实践教学体系分课内实践、集中实践和课外实践三个模块（如图1-1所示）。

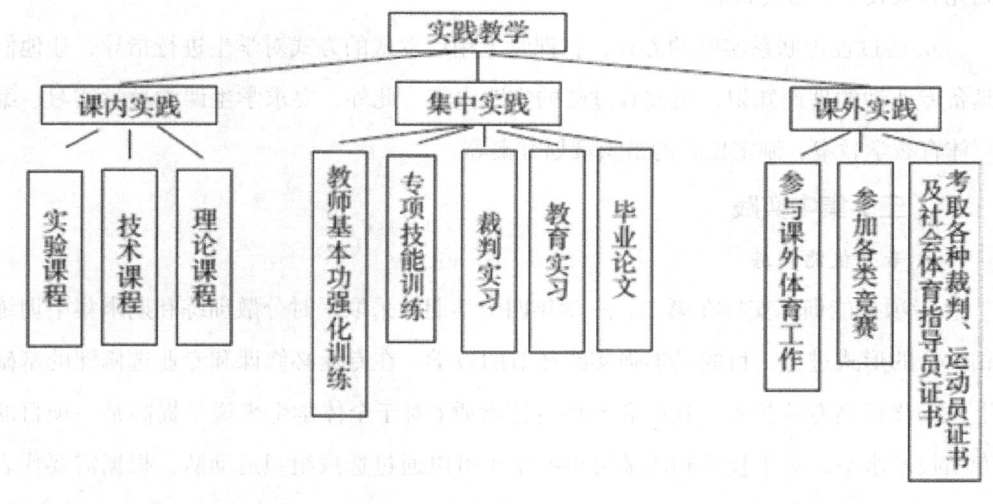

图1-1 实践教学体系框架和运行模式

（一）课内实践

1.通过运动解剖学、运动生理学、体育保健学、体质测量与评价等专业实用基础理论课程中的实验教学，培养学生对学科知识的应用能力、理论联系实际的能力、观察问题和解决问题的能力。

2.体育技术课程的设置和内容的选择注重传统内容的继承发展和创新，新兴项目的开展和完善。在技术课的教学中注重教学模式、教学方法和手段的改革，强调以教师为主导，学生为主体，以学生发展为本的现代教育理念，引导学生自主学习、研究性学习，培养学生的创新意识、学习能力和教育教学能力。必修课中在强调"三基"的同时(基础性)，注重各项目教学方法、健身方法和游戏方法的教学(实践性)，使学生有初步的体验和感受；田径、球类课程要求学生必须掌握场地器材的基本知识、场地的画法、小型比赛的组织和实施等；体操类课程要求学生必须掌握体育教师基本功(口令，指挥调队、基本体操、健美操的示范、领做、创编等)，初步具备基本的组织教学能力(实用性)；通过开设轮滑、跆拳道、散打、瑜伽、健美运动、户外运动与野外生存等新兴课程，体现知识的时尚性、时代性，使学生对体育新兴项目有一定的了解和体验，为将来的实际工作奠定基础，以适应基础教育体育课程教学改革的需要。

3.中小学体育教材和课程的安排，要紧密围绕中小学教学的特色展开。在不同的学习阶段引入不同的教学方式，让课程内容、教育理念等真正被学生们接受，以便达到充分吸收和学习的目的。

4.通过理论联系实际的方式，在课堂上用启发式的方式对学生进行指导，让他们具备专业性的理论知识，还拥有过硬的实践内容。此外，要求学生课堂教学实习、编写体育教学教案、制定比赛的组织策划方案等。

（二）集中实践

1.专项技能训练

专项技能训练安排在第二、三学年四个学期，采取平时分散训练和期末集中训练相结合的形式进行，目的是加强实践环节的教学，在专业必修课和专业选修课的基础上进一步提高专业技术、技能和专项身体素质(对于全体学生来说是提高某一项目的专项技术水平，对于技术和成绩突出的学生可以通过选拔组织运动队，根据需要代表学校或学院参加比赛)。

（1）内容包括：田径、体操、篮球、排球、足球、乒乓球、羽毛球、健美操、器械健身、武术、轮滑、游泳等项目。

（2）开设条件：在每学期根据学生、教师、教学条件等课程资源情况，选择开设科目。学生不分年级、班级，任选一个项目，系上根据选项情况，进行适当调整。

2. 体育教师基本功强化训练

（1）安排在早操时间及第三学年第1学期的教育实习的前一周，分内容、有计划、有组织的进行。选派相关课程的教学经验丰富、责任心强的教师担任指导教师，对学生进行基本体操、中学生广播操、新大众广播体操、健美操的辅导和训练。要求每人掌握广播操、健美操，对基本体操和广播操进行考核或表演。

（2）中学体育与健康课程标准基本教材内容测试，篮球、体操、田径等。

（3）中小学体育教法演示课。

（4）中小学体育教学方面的相关内容讲座。

3. 裁判实习

安排在第二学年两学期各一周。学生在实践的基础上。通过各种类型的竞赛等，对知识进行巩固。让学生对体育项目的组织形式、裁判方法等进行全面了解。通过自身经验的总结，让其知识体系更加牢固，为日后的体育教学工作打好坚实的基础。

4. 教育实习

安排在第四学年第一学期进行，集中8周，采用以实习基地为主的集中实习、相对集中实习和与就业相结合的方式进行，主要是深入中学，进行实战学习，体验教师工作，把所学知识在学校体育工作中加以运用，培养实际工作能力，同时对社会和就业有更深刻的了解。实习基地以当地为依托，与市、区体育教研室、教委等相关部门及中小学建立紧密的长期协作关系，成立挂牌基地；同时根据专业建设需求，将实践基地建设拓展到郊区、县及健身中心，为学生提供更多的实践机会和更为广阔的发展空间。学生按照《体育教育专业教育实习大纲》的要求，完成规定的时数和内容。实习单位指导教师和带队教师共同对实习生进行考核、评定成绩。

5. 毕业设计（论文）

安排在第四学年第二学期进行，集中8周。毕业设计（论文）是对体育教育毕业生专业实践能力检查的重要环节，是检查毕业生对专业知识掌握的程度并能否运用专业技能解决实际问题的重要实践过程。一套有效的管理机制来约束指导教师和学生，能更好地促进指导教师和学生在思想上的重视程度，从而提高毕业质量。学生的毕业设计（论文）工作，学院和系进行周密的计划，以了解科研方法和论文撰写格式，培养学生基本的科研素养和能力为主,在毕业设计(论文)的学生选题、教师指导、教师评阅、学生答辩等各环节中结合实践能力的运用和培养,确定具体的管理程序与要求,促使指导教师和学生按照应用型人才的培养要求去完成毕业设计(论文)工作,以确保毕业设计更好地体现体育教育人才培养的目标。

(三)课外实践

从培养和强化学生运用本专业所学基本理论与技能出发,鼓励学生走出课堂,走向社会,积极参加各种有益的社会实践活动,以期学生在实践中磨练与提高基本技能。与学校团委、工会建立联系,在校内、院内的各项运动的比赛中,结合专项教学有计划地安排学生参与活动、比赛的组织、裁判等体育工作;在第二课堂与学院学办、学生支部工作结合起来,引导学生会、团总支组织学生建立武术、排球、足球、散打、跆拳道、健美操等各种运动项目协会、社团、俱乐部、体育辅导站等,与课堂教学紧密结合起来,有计划地安排学生见习与实践操作,培养学生的自主创新意识,提高学生的指导和实践能力。

(四)实践教学队伍建设

加强实践教学队伍的建设,实施新的实践教学体系,是提高教学质量,进一步推进教学改革的基础,实践教学队伍的建设将紧紧围绕专业培养方案的需要予以实施[①]。针对学生毕业实习、裁判实习、专项技能训练、社会体育健身指导、毕业论文等主要实践环节,每学年分阶段地紧密结合教研活动对教师进行培训,并在实践环节过程中及结束时进行研讨和交流,使教师尽快掌握先进的理念和方法,适应新的形势。

---

a 熊飞. 构建体育教育专业多方位实践教学体系的研究 [J]. 石河子大学学报,2005(03).

第二章 我国体育教育专业教学实践的现状与反思

第一节 体育课程发展现状及其对体育教师的要求

一、新时期体育课程的发展趋势

新时期的教育改革以培养创新精神和实践能力为基本切入点。强调的是培养学生综合素质的能力，在思想品德以及身心健康方面提出了新的要求。只有正确深入地理解基础教育课程改革的目标，才能使我们对体育课的现状及发展趋势有一个合理的定位，进而使体育教师教育课程改革多一些理性和探索。

（一）基础教育课程改革目的与任务

为了实现新课程的培养目标，同时针对现行基础教育课程教材中存在的弊端，《基础教育课程改革纲要》提出了本次课程改革的六项具体目标。具体内容包括以下几个方面。

一是实现课程功能的转变。本次课程改革在《纲要》中首先确定了课程改革的核心目标即课程功能的转变；改变课程过于注重知识传授的倾向，强调形成积极主动的学习态度，使获得基础知识与基本技能的过程同时成为学会学习和形成正确价值观的过程。从单纯注重传授知识转变为引导学生学会学习、学会合作、学会生存、学会做人，打破传统的基于精英主义思想和升学取向的过于狭窄的课程定位，而关注学生"全人"的发展。这一根本性的转变对于实现新课程的培养目标及其基础教育领域全面实施素质教育，培养学生具有社会责任感、健全的人格、创新精神和实践能力、终身学习的愿望和能力具有重要意义。

二是体现课程结构均衡性、综合性和选择性。新一轮基础教育课程改革对课程结构进行了重大调整。改变课程结构过于强调学科本位、科目过多和缺乏整合的现状。新课程重视不同课程领域对学生发展的独特价值，淡化学科界限，强调学科间的联系与综合。

三是密切课程内容与生活和时代的联系。改变课程内容"繁、难、偏、旧"和过于注重书本知识的现状，加强课程内容与学生生活以及现代社会和科技发展的联系。关注学生的学习兴趣和经验，精选终身必备的知识和技能。此外，不再单纯以学科为中心组织教学内容，不再刻意追求学科体系的严密性、完整性、逻辑性，注重与学生的经验结合在一起，使新知识、新概念的形成建立在学生现实生活的基础上。

四是改革学生的学习方式。《纲要》明确指出改变课程实施过程过于强调接受学习、死记硬背、机械训练的现状，倡导学生主动参与、乐于探究、勤于动手，培养学生搜集和处理信息的能力，获取新知识的能力，分析和解决问题的能力以及交流与合作的能力。

五是建立与素质教育理念相一致的评价与考试制度。一方面要建立促进学生全面发展的评价体系，了解学生发展中的需求，帮助学生认识自我、建立自信，促进学生在已有水平上的发展，发挥评价的教育功能，另一方面还要建立促进教师不断提高的评价体系，以强调教师对自己教学行为的分析与反思，不断提高教学水平。

六是实行三级课程管理制度。改变课程管理过于集中的状况，实行国家、地方、学校三级课程管理，增强课程对地方、学校及学生的适应性。这些目标构成了新一轮基础教育课程改革的总体框架，体现了课程改革是一项复杂而细致的系统工程。

作为基础教育的重要组成部分，新一轮课程改革提出的三项目标必将成为体育课程改革的基本出发点。为体现课程结构的综合性，新颁布的课程标准将中学体育课程更名为"体育与健康"课程，并对体育课程的功能给予新的定位，即课程以促进学生身体、心理和适应能力整体健康水平的提高为目标，构建了技能、认知、情感、行为等领域并行推进的课程结构，融合了体育、生理、心理、卫生保健、环境、社会、安全、营养等诸多学科领域的有关知识，真正关注学生的健康意识、锻炼习惯和卫生习惯的养成，将增进学生健康贯穿于课程实施的全过程，使"健康第一"思想落到实处，使学生健康成长。

（二）我国基础教育体育课程的发展现状

从新中国成立至今，我国基础教育体育课程取得的成就有目共睹，主要包括：体育作为一门改善学生身体体质的课程在社会中发挥了无可替代的作用；"锻炼身体，增强体质"成为被广泛接受的共识；体育课程的体系更加完备；体育教材的选择性逐渐增多，质量也呈上升态势。

根据素质教育、"健康第一"的思想审视现行基础教育体育课程，主要存在以下几个问题：体育课程中体育观念滞后，手段论体育观、生物教育观、竞技体育观还在一定范围内存在，这些已不能适应时代发展的要求和教育改革的需要；体育课程的设置难以引起学生的兴趣，学生难以真正加入到体育课程的学习中；在教学实施中，过分地强调竞技，忽视了学生主观能动性的创造性；体育考核或评价标准存在"一刀切"的情况，这让学生难以真正静下心进行学习，有些甚至产生厌课心理，如此一来，还谈何课程的开展与继续。

（三）基础教育体育课程改革的目的与要求

体育课程改革的根本目的是提高学生健康水平，促进学生的全面和谐地发展。《中共中央国务院关于深化教育改革全面推进素质教育的决定》明确指出：健康的体魄是青少年为祖国和人民服务的基本前提，是中华民族旺盛生命力的体现。学校教育要树立健康第一的指导思想，切实加强体育工作，使学生掌握基本的运动技能。养成坚持锻炼的良好习惯。这一决定为我国基础教育体育课程改革指明了方向。《国务院关于基础教育改革与发展的决定》明确提出基础教育要贯彻"健康第一"的思想，切实提高学生体育健康水平。在此基础上按照《基础教育改革纲要》对整体课程改革提出了目标。我们将体育课程改革的策略理解为：

第一，倡导全面、和谐发展的教育。改变现行体育课过于注重传授运动技能的倾向，强调积极主动的学习态度，在获得基础知识与基本技能过程的同时成为学会学习和形成正确价值观的过程。

第二，建立新的课程结构。改变现行体育课程结构过于强调学科本位，内容过多和缺乏整合的现状，以适应不同地区和学生发展的需求，体现体育课程的均衡性、综合性和选择性。

第三，体现课程内容的现代化。改变现行体育课程内容"难、繁、偏、旧"的现状，关注学生的学习和经验，注重培养学生终身体育的意识和能力。第四，促进学习方式的改变。改变现行体育课程的实施过于强调接受学习、机械训练的现状，关注学生的个体差异和需求，倡导学生主动参与、乐于探究、勇于实践，培养学生获取新知识的能力、分析和解决问题以及交流与合作的能力。

第五，形成正确的评价观念。改变现行的体育课和评价过分强调运动成绩的现象和过于注重别的功能，发挥体育课程评价促进学生发展、教师提高和改进教学实践的功能。

第六，促进课程的民主化与适应性。学校有权参与体育课程资源的开发，在"用什么教"上，有一定自主权，以利于提高学校及学生对体育课程的适应性。

二、体育教师素质现状及其角色的重新定位

来自多方面的调查报告和研究结果表明，当前我国中小学体育教师队伍总体上表现出角色意识不强，教育视野狭窄，知识结构优化不足，教育观、学生观、课程观和评价观落后，教法单一、陈旧，职业思想境界不离，尤其是体育教师实施素质教育的能力普遍不强。在体育教师队伍中相当一部分人存在着重技术轻理论，重训练轻教学的倾向。体育基础理论水平较低，教研和科研能力较差。有些教师不能根据教育规律和人体科学育人；有些教师不能结合学校、学生实际制订教学计划。有的不能科学地选材、恰当地运用教法，甚至不会写教案、不会用术语、不会做示范。总的来看，我国现有的体育师资队伍素质水平还无法满足当前社会历史条件对体育人才的要求，体育教师队伍质量的提高任重而道远。对照体育课程改革的目标我们可以看出体育教师素质主要表现为三个不适应：

其一，教育思想不适应。一些体育教师的观念陈旧、视野狭窄，以学科为本而不是以学生的发展为本的教育理念较顽固。而当前体育课程改革的目标是改变课程目标与课程实践长期背离的现象，切实发挥体育的教育作用，牢牢树立为学生多方面发展服务的观念，实现体育课程教学由教师中心、课堂中心向以学生主动学习为主的转变。

其二，知识结构不适应。相当数量的体育教师的知识结构单一、单科发展，知识面窄、知识陈旧，只懂本学科，带有综合性特别是跨学科的知识很少具备。同时缺少必要的教育学与心理学知识。

其三，教学教研能力不适应。很多体育教师在课程资源的开发意识和能力上相当薄弱。

新课程要求体育教师提高素质、更新观念和转变角色，必然也要求体育教师的素质和行为产生相应的变化。这包括：在对待师生关系上，新课程强调尊重、赞赏；在

对待教学关系上，新课程强调帮助、引导；在教学研究上，新课程强调反思和创新，教学反思被认为是教师专业发展和自我成长的核心因素。教师的教研能力的提高集中体现在教师的角色变化上。教师由原来教学大纲的机械执行者转化为新课程的设计者，对教师的教研能力提出了新的要求。

三、新课程条件下体育教师角色的转换

在新课程中，体育教学的目的是为了提高学生整体素质，培养和发展他们良好的个性，让学生学会学习、学会做人、学会做事、学会健体。而要达到这一目的，体育教师要从以下六个方面进行角色的转变。

（一）由执行者转变成设计者

我国多年来实行的课程行政体制可以归纳为："政府定课程，学校管教学，教师用教材。"这种格局行之既久就习以为常了，不如此反而不可思议，体育教师很大程度上是按照教育部颁发的指令性的体育教学大纲来开展工作，体育教师只管"照本宣科"，而不用管为什么教、教什么以及怎么评价。体育教学质量的水平高低直接取决于教师对大纲的执行情况，这包括确定教学目标、选择教学内容、实施教学评价等一系列的教学环节。这种状况将体育教师局限在一个非常狭窄的工作空间和非常微观的工作层面，甚至将体育教师局限到只与技术细节和秒表皮尺打交道，教师的专业判断与决策能力用进废退，体育教师丧失了工作的专业性与创造性，绝大部分教师的教学如出一辙。

而现在，传统的标准化、统一化的课程内容的体系被打破，取而代之的是可供教师和学生选择的丰富多彩的身体活动。全国一个纲、一本书、一刀切的管理体制也得到改变，三级管理体制提升了教师的执教地位，为提高教师的创造性提供了可能。新课程体系要求教师成为课程的设计者。体育教师通过开发体育课程资源、设计课程方案、调整课程进程和课程结构等内容，根据课程标准直接参与建构适合实际教学情境的课程。

（二）由管理者转变成组织者

我国长期以来形成的传统师生关系实际上是一种不平等的关系。教师不仅是教学过程的控制者、教学活动的管理者，而是学生学习成绩的评判者，学生发展的制约者。新的课程理念强调教师是学生学习的合作者、引导者和参与者，教学过程是师生交往

共同发展的互动过程，教师将由居高临下的权威转向"平等中的首席者"。它要求体育教师能驾驭教学的全过程，为学生的全面发展创造一个良好的学习环境。传统的"一言堂""命令式"教学必将舍弃，民主、和谐、宽松的教学氛围必将确立，只有如此才能更符合素质教育发展的规律。

（三）由督促者转变成参与者

新课程要求教师要由"教师中心"的传授者变为共同建构学习的参与者。传统意义上，教师教、学生学，教师督促学习是理所当然的，但是教师发令、学生响应却成了制度化教育的显著特征。新课程强调发挥学生的主体性，教师和学生应该彼此形成一个真正的"学习共同体"。作为参与者，教师要自觉改变"一刀切""齐步走"的传统教学方式，要尊重学生个体不同的兴趣爱好，尊重学生个体差异，让学生共同参与选择体育学习内容，共同探索和发现运动的规律，才能激发学生的学习动机，促进学生主动学习的热情。

（四）由控制者转变成帮助者

教师在授课中起到帮助者的作用。要充分了解每个学生的学习兴趣点，帮助他们制订科学的学习计划和课程安排。让学生在学习中达到事半功倍的效果。需要强调的是，老师和学生必须建立起一种相互信任的关系，两者之间采用朋友间的沟通方式让学习更好地开展下去，老师真正做到引导他们而非塑造他们。

（五）由仲裁者转变成促进者

在传统的教学评价中，教师把分数作为法宝，学生视分数为命根，教师是手捧法宝的仲裁者，学生成为了接受评价的"被告"。教学评价的主要功能局限在鞭策学生锻炼和区别学生优劣上。实际上，教育评价的主要功能是激励和反馈，激励是为了鼓励和促进学生进一步锻炼，反馈是接受信息，改进学习。而鉴别学生的优劣并非体育评价的主要功能。为了发挥教育评价的合理功能，教师就应当实现由仲裁者向促进者的角色转变。作为促进者，教师要创造良好的教学情境，要给学生心理上的支持，采用各种适当的评价方式，给学生以心理上的安全和精神上的鼓舞；及时反馈，激励肯定，让学生充分享受成功的喜悦；要帮助学生对学习过程和结果进行评价，评价包括了学生自主评价，学生相互评价，也包括了教师对学生评价和学生对教师评价。教师评价角色转变的目的是形成学生的自我实践和反思的能力，培养学生自律能力和合作精神，是教师成为学生的促进者。

（六）由教书匠转变成研究者

"教书匠"与"教育家"的根本区别在于一个是照本宣科，一个是研究创新。不可否认的是，中小学体育老师大多存在重经验、忽视理论的情况，他们大多忙于教学，学生接受的大多是封闭的学习方式。显然，这早已不适应新时代体育教学的要求。而对体育教学进行研究便成为适应时代发展的必然。

新体育课程没有提出规范划一的课程设计，这预示着体育教师要自主地设计课程，技能传授需要自行开发，教学过程需要自主构建，体育课堂将百花齐放。体育教师仅是经验和技术型的专家，将难以适应新体育课程改革的需要。只有教学与科研结合为实际行为时，教学才具有意义。

第二节 现行体育教师教育课程审视

一、体育教师教育的培养目标

培养目标就是培养什么样的人的问题，它规定着对人才的具体的培养要求，是教育活动所追求的最终目的。我国教师教育的培养目标就是根据教育方针的要求，培养忠诚于社会主义教育事业的"德、智、体、美"全面发展的人民教师。从我国目前的实施过程来看，教师教育大体分为两个阶段，一是教师的职前培养阶段，即学生在师范学校、师专、师范学院（大学）接受教育阶段，为毕业后从事教师工作准备知识与能力。

第二阶段是对在职师资的培训阶段，着眼于教师教育教学能力的培养和提高。我国普通高等学校体育教育专业本科专业课程方案业务培养目标：本专业培养适应我国社会主义现代化建设的实际需要，德、智、体、美全面发展，具有良好的科学素养，掌握体育教育的基本理论、基本知识和基本技能，并受到体育科学研究基本训练的体育教育专门人才。毕业生适宜到中等学校从事体育教育和科学研究工作，并能从事学校体育管理、运动训练和培养社会体育指导员等工作。

其业务培养要求：（1）系统地掌握体育教育专业基础理论、基本知识和基本技能，掌握学校体育教育工作规律，胜任学校体育教学、课外体育活动、课余体育训练与竞赛工作，在全面发展的基础上有所专长。（2）具有较强的实践能力、自学能力和一定的创造能力,具有基本的体育科学研究能力。(3)了解体育科学发展的新成果以及相关学科的基础知识,具有较宽的知识面。(4)初步掌握一门外国语,掌握计算机应用基础知识。(5)具有正确的审美观和一定的艺术鉴赏能力。

培养目标、人才规格和课程计划是人才培养方案设计中的三个基本要素。其中培养目标是体育教师职前教育的方向和目的;人才规格是培养目标的具体化或分化,它是培养目标与课程体系的中介环节,它体现着培养目标的基本要求和质量标准,同时又规定着课程结构和内容体系;而课程计划是实现培养目标的载体,这三个基本要素共同构成了人才培养方案。三者之间互为前提、相辅相成。因此,只有对我国高等院校体育教育专业近两次课程方案培养目标及其人才规格的内容表述进行分析比较,才能明了我们对培养目标的定位是否准确,目标内容是否全面、完整,而这些问题正是多年来一直困扰本专业课程设置的症结所在。

二、体育教育专业课程设置存在的问题

(一)课程观念上看,存在着对高师教育的特点和对体育科学体系的认识不足

体育教师培养属于师范教育,师范性是师范教育的最根本的性质,这是由师范教育培养中小学生的师资决定的。对此,人们的认识是清醒的。而对高等师范教育的特点,即师范教育区别于其他类型教育的本质的、独具的特征则认识不足。其他类型的高等教育如理工科所要求学生的是让他们掌握本专业高深的理论知识和形成与应用这些理论知识相适应的专业能力。他们未来工作的对象主要是客观的物质世界,而师范教育所培养出的教师未来工作的对象是人。这就决定了师范教育所培养的对象不但要掌握所教学科的知识理论,而且还必须掌握与人有关的相应学科的知识,使其具有较高的相关文化水平和较宽的文化知识背景,即知道"教什么"的问题,同时还必须全面了解学生特点和身心发展规律,即懂得"如何教"的问题。因此,高等师范教育的特点反映在体育教育专业课程设置上就必须拓宽普通文理学科类课程。

然而,在体育教育专业课程设置上我们往往缺乏整体观,尤其是对普通教育课程与专业课程的关系认识不足。我们认同"高师教育属于普通教育范畴"的观点。尽管其本身具有职业教育因素,但它是一种高层次的普通教育。以此观点构建体育教育专业课程结构,则普通教育课程就不只是一般意义上的"公共课",而必然是专业课程

的学术性基础课程。这也正是体育教师职前培养的课程特点所在。从现代高师教育理念看，高师教育是人文素质教育、学科专业教育和教育专业教育的整合，是人文素质和"双专业"教育。因此，高师体育专业的课程体系将不再以学科专业为本质，而应较均衡地体现人文性、学术性和师范性。由此可见，那种将体育教育专业理解为"专业教育"或"体育学科专业教育"，并且在课程设置上表现出重视"专业课"，轻视"公共课"的做法对于体育教师教育的建立和发展实在是得不偿失之举。

（二）从课程内容看，存在着"旧、窄、缺"的弊端

旧：长期以来，体育教育专业学科专业课程内容陈旧、僵化的现象一直是困扰本专业发展的主要因素之一。从20世纪80年代起至今已有数次本专业课程计划调整，但每次调整的内容大多局限于课程内容比重的变化和科目的增减，而对学科专业课程、教材内容结构的更新、扩展则改动很少，尤其是"学校体育学"等体育人文社会科学体系内容，原本是易随社会、经济、教育文化发展而变化的学科也难见质的变化。有的科目虽作了修改，但基本还是原有的体系。结构陈旧、知识陈旧，甚至就连列举的事例都是陈旧的，缺少时代特点，无法同快速、全面发展的体育文化同步。而这种课程内容与中小学校推进课程改革实施素质教育的背景极不适应。

窄：课程设置缺乏灵活，普通教育课程门类单一，都是学科课程、分科课程，缺乏活动课程和综合课程，特别是文学、艺术、历史等人文、社会科学课程不足，使学生的文化素质达不到当前中小学教育对体育教师文化素质的要求。注重学科专业课程的纵深发展，忽视学科专业知识与普通文化知识和教育专业知识的联系，造成培养的学生"专业性"虽强，但专业观念偏颇者颇多；知识结构单一，知识面过窄，综合能力不强。

缺：长期以来，体育教育专业的课程设置一直存在着"各自为政"的倾向，"三类课程"不是有机结合而是简单相加。这是体育教育专业职前培养质量难以提高的根本因素之一。而"三类课程"相互之间缺少过渡、衔接不好是关键所在。

首先是在普通教育课程与学科专业课程之间缺少"学科平台课程"。这类课程的定位应该是"专业相关基础课程"，是指学习本学科专业知识必须掌握的其他学科基础课程，主要包括哲学、文学、艺术、伦理学、经济学、法学、史学、社会学等人文社会学科课程。旨在完善学生的知识与智能结构，提高学生的整体素质，培养新型体

育教师。

其次，在学科专业课程与教育专业课程之间缺少体育学科教育类课程，如"体育教育学""体育课程论""体育教学论"等课程。此类课程对于学生确定专业方向，形成正确的教育教学观并掌握必备的教师专业知识技术是不可或缺的。由此我们可以看出，高师院校体育教育专业课程设置亟需解决的问题有：

1. 如何确立高师院校体育教育专业课程设置的指导思想。事实表明，按原有以学科专业知识为中心设置的课程结构只能培养知识面窄、职业知识技能缺乏、教育教学方法单一、教育教学活动缺乏创造性的体育教师。高等院校体育教育专业课程设置的改革首先要有全新的构建课程结构的指导思想。那么，什么样的指导思想才能构建与培养目标相适应的课程结构是我们面临的首要课题。

2. 如何加强高等院校体育教育专业课程设置的整体性。目前，我国的高等院校体育教育专业课程设置过于注重学科的专业性，即某一具体科目的完整性与系统性，而对课程体系缺乏整体、深入的思考。因此突破现有课程结构，加强对课程体系的整体设计，确定课程体系组成部分在整体结构中的地位、比重，努力沟通"三类课程"之间的有机联系就成为体育教育专业课程设置的重要课题。系统科学认为，部分最优并不意味着整体最优。每一具体课程的最优化并不必然带来整个课程体系的最优化，关键在于每门课程在整个课程体系中的功能定位要恰当，符合体育教育专业课程建设的整体性要求。

3. 如何提高体育师范生的职业素养。我国基础教育领域目前实施的素质教育需要具有高职业素养的体育毕业生。然而，从我国高等院校体育教育专业课程设置的效果可知，毕业生的职业意识较为淡薄、职业技能缺乏的现象普遍存在，这是不利于素质教育的实施的。职业素养包括职业意识和职业技能，它的养成主要是通过设置特定的课程来实现的。因此，体育教育专业设置合理的教育类课程的内容和结构是关键所在。

第三节 对我国体育教师教育课程设置的思考

我国高等师范教育是计划经济的产物，虽然也在进行改革，但培养的学生普遍存在创造力低的情况。在教师继续教育方面则是重提高学历教育，轻教师职业技术教育，使得教师继续教育的效果也大打折扣。尽管体育教师教育的现状也同样存在上述问题，但是应该说目前在中小学校体育课程教学推行的素质教育改革实验的发展态势是良好的，但体育师资力量却成了一个制约素质教育深入发展的"瓶颈"。这主要是由于体育教师的综合素质较低造成的。因为教师能力不够、素质不高而造成体育课程教学改革偏离预期方向，或者使教育教学改革的质量大打折扣欲突破这一"瓶颈"，体育教师教育就必须要为基层中小学校实施素质教育培养培训出合格的、符合素质教育要求的师资。对于体育教师教育而言，无论是教育思想、教育观念的更新，还是人才培养模式和教学内容体系的改革，最终都要归结到课程改革上来，都必须通过课程改革加以体现和落实。因此，探讨21世纪我国体育教师教育课程设置问题，研究课程改革问题是非常具有现实意义。

一、体育教师教育课程设置的指导思想

指导思想是构建教师教育课程体系的原则及意见。为顺应新时代教育的改革的要求，适应发展的潮流，并结合我国体育教育课程的现状发展，我国体育教师教育课程设置的指导思想可以表述为：体现现代化的教育思想观念，反映人类优秀的科学文化和体育文化成就，有助于促进体育教师职业的专业化发展，逐步建成结构合理、内容充实、教材完备、一体化的体育教师教育课程体系。

（一）课程要体现现代化的教育理念

长期以来，以学科为中心、强调学科专业知识技能的系统精深，一直成为体育教育专业课程设置的指导思想之一。坦率地说，以学科为中心的课程设置本身无可非议，因为体育学科专业知识、技术体系是本专业课程内容的核心成分，这类课程的数量和质量是该专业安身立命之本。但是，体育教育专业的学习内容是由"三类课程"组成的一个整体，除"核心成分"之外还有"外围成分"，即普通教育课程和教育专业课程。只有三类课程相互促进、有机联系，才能达成培养目标。因此，如果我们因重视学科专业课程而使普通类和教育类课程的质量标准降低，那么，我们必然犯"学科本位主义"的错误。

全面推进素质教育是新时期我国教育发展的战略决策。提高学生素质关键在于提高教师素质。而培养高素质的体育教师，根本出路在于整合体育教师教育的学术性和师范性。对于体育教师教育来说，它不仅要教会学生掌握知识、技能，而且要教会学

生将来怎样传授所掌握的知识、技术。前者体现本专业具有的学术性，后者体现了本专业独具的师范性。因此，师范教育与非师范教育的不同之处就在于，它实际上包括两个专业，一个是学科专业，一个是教育专业。可见，学术性和师范性是体育教师教育的两个不可或缺的方面。因此，体育教师教育专业课程设置必须体现学术性与师范性的统一。

（二）课程设置必须适应新世纪社会对教师素质的要求

21世纪是知识经济时代，其特征就是创新能力的凸显。"创新是一个民族进步的灵魂"。因此，创新能力是培养体育教师人才规格最显著的标志。尽管培养创新型教师的相关因素很多，但教师教育课程的设置是一个重要因素。设置创新性的、研究性的课程是培养21世纪合格体育教师的重要前提。对于体育教师职前教育而言，创新性课程提醒我们要重视普通教育课程和专业相关基础课程的设置。因为对于目前尚待完善、成熟的体育学科体系来说，此类课程内容是"原创基地"。因此，我们能否利用课程改革这一有利局面，加大本专业课程内容和结构调整力度，关系到体育教育专业能否培养出在教育教学上少有误区的、能以学生发展为本的、具有创新精神和实践能力的体育师资。

（三）课程设置必须主动适应基础教育改革和发展的需要

我国基础教育已经由"应试教育"向"素质教育"转变，实施素质教育使体育教师角色的定位发生了变化，即在充当传统的"授业""传道"者的同时，强调体育教师既是学生体育学习的促进者和合作者，又是学生身心发展的引导者和个性化教学的创新者。因此，体育教育专业的课程设置不但要有利于加强学生的学科专业能力培养，使学生明确"为何教学"和掌握"教学什么"的本领，而且更应该重视通过课程对学生的教师职业意识的培养和教育专业知识技能的掌握，使学生学会"如何教学"的本领。

二、体育教师教育课程设置的目标——教师专业化发展

体育教师专业化的形成和发展都要依赖于教师教育的发展。教师教育作为培养、培训师资的专业教育具有"双专业性"，即培养、培训的教师必须同时具备本体性知识（学科专业知识）和条件性知识（教育教学专业知识）。教师需要将本体性知识"心理学化"，以学生易于理解和接受的方式传递给学生，并帮助学生将知识"内化"。所以教师需要掌握教育学、心理学知识。然而，这两种专业知识的简单叠加并不能形成教师的专

业化素质，这两种专业知识还必须由实践知识来进行整合，使其内化为教师自己的专业素质。这种整合的过程是长期的，贯穿教师职业素质始终的，成为教师终身学习、终身教育的一项重要内容。

因此，在课程设置方面必须以科学的方式进行展开，以促进师生互动以及达到教学为出发点，以此为基础从整体上考虑课程的内容选择、结构安排和编写教材。具体而言，职前培养阶段侧重于使学生掌握系统的体育学科专业知识、技术，并和提高学生一般科学人文水准的普通学科知识密切的联系起来。其一，对体育学科的理论知识以及技能等进行广泛的理解，掌握其中的要点。其二，让学生对体育历史的演变和发展进行了解，并认识到体育在社会生活中所处的地位。这样做最大的好处是让学生更加直观且系统地对体育课程进行深入学习，便于日后的发展。其三，使学生掌握体育学科所提供的独特的认识世界的视角、域界、层次及思维的工具与方法，熟悉学科内科学家、教育家、运动员、教练员的创造、发现的过程和成功原理，以及在他们身上展现的科学精神和人格力量。其四，使学生对与体育学科相关的知识尤其是相关点、相关性质、逻辑关系有基本的了解，使体育教师有可能与传授相关学科的教师在教学上取得协调，在组织学生开展的综合性活动中相互配合。

总之，体育教师只有完整、系统地掌握学科专业知识，才能在科学体系中把握本体学科，在教学中通观全局地处理教材，才能使学生既掌握知识技能、方法，又能促进学生的智能发展，在以后面向中小学生的体育教学中真正实现科学精神和人文精神、理论和实践、知识和人生的统一，充分发挥体育学科知识、技术的全面育人的价值。因此，体育教师教育课程设置只有以教师专业化为最高目标，才能确立体育教师不可替代的专业化地位。

三、对体育教师教育课程设置改革的思考

（一）构建新的体育教师教育课程必须协调好各类课程之间的关系

首先，课程设置必须处理好整体与部分的关系。教学计划的核心是课程结构，课程结构必须注意整体效应，课程整体效应反映在课程的组合上。而当前，不论是体育教师职前培养还是职后培训课程的设置，其突出的问题表现为分割和各自为政，普通教育课程与学科专业课程之间、学科专业课程与教育课程之间缺少衔接，有机联系不够，使"各部分之和"小于整体课程应有的效应。因此，要把体育教师教育的教学计划当

做一个整体来设计，要强调各类课程之间、课程科目之间的联系，并且还要考虑到职前培养与职后培训课程的联系。看到课程与培养目标的关系，不能"只见课程不见人"，只强调本课程的重要性、系统性、完整性，看不到课程与培养目标的关系和课程在培养目标总要求中的地位和作用。

其次，必须处理好课程的开创性与继承性的关系。体育教师教育课程改革是一个复杂的系统工程，往往牵一发而动全身，所以必须保持课程设置的相对稳定性，采取积极、稳妥的改革办法，不能"先破后立""推倒重来"，而应"先立后破，边破边立"。因为原有的课程体系从本质上说是顺应当时体育学科专业发展水平和我国高师教育观念及其课程发展状况的，是有其存在的理由的。因此，我们必须历史地、辩证地看待已有的体育教育专业课程，正确处理好开创与继承的关系。

最后，必须处理好学科专业和教育专业的关系。毫无疑问，学科专业知识是教学活动的核心。但是这并不意味着，体育教师掌握体育学科专业知识、技术越精深，其教学质量就越高。研究表明，在一定的限度内，教师所掌握的学科专业知识和教学质量是呈正相关的，但超出一定水平后，学科专业知识与教学质量之间就不再具有统计学上的相关性了。这说明教育教学专业知识是教师成功进行教育教学所必备的专业知识，是教师职业与其他职业相区别的最重要的知识准备。主要包括教育科学和心理科学知识。对于体育教师的教育教学而言，教育教学专业知识是条件性知识，它决定着体育教师教学活动的效率和质量。

（二）关于体育教师教育职前培养课程设置的改革

体育教师教育职前培养课程结构与内容的改革包括以下内容：

1. 重构课程结构

建立三维立体课程结构。第一维度是横向层次，即课程的功能结构。将原有的"三类课程"即普通教育课程、学科专业课程和教育专业课程划分为四类课程、两种形式。四类课程即普通教育课程、专业相关基础课程、专业基础课程、专业课程，两种形式为必修课程和选修课程。第二维度是纵向层次，即课程的类别结构，可分为三类课程，即学科课程、活动课程和实践课程。第三维度是课程的形态结构，可分为显性课程和隐性课程。

2. 拓宽基础课程

由于体育教育专业普通教育必修和选修类课程比较原有状况，现已达到一个较高的比重（30%），并且其内容结构也趋于合理、完善。因此，当前的主要问题不是增加这类课程的学时数量，而是强化教育教学质量，提高这类课程对学生人文素质和科学精神的教育效果。但是从实践上看，学生对普通教育类课程认识和重视程度均不够，仅将其看成各专业共同学习的与本专业课程无关的科目。所以此类课程学生普遍学得不够系统和扎实。这对于高等师范院校培养基础教育领域"通才"的定位是很不利的。

而另一方面，由于缺少一类"专业相关基础课程"而使体育学科专业基础课程领域狭窄，导致学生对体育科学体系的结构和层次认识不足，使自己在以后的教育教学实践中难免不产生认识上的误区和行为上的盲目。

因此，为了更好地体现普通教育课程对于学科专业课程的基础作用，培养学生具有广博的文化知识和宽厚的体育专业基础理论知识，增设"专业相关基础课程"作为专业必修课程，借以弥补体育教育专业课程体系专业基础理论课程"先天性"狭窄带来的缺失。这类课程包括系统科学原理、逻辑学、伦理学、艺术概论、美学、概率与统计、当代科技概论等人文社会科学、自然科学若干系列学科。而专业基础课程除了现有的主干课程之外，还增设教育原理、课程与教学论两门学科。即整合教育专业课程，使其成为学科专业课程的基础学科。这与教育学理论在体育科学体系中的基础地位是一致的。同时教育专业课程重心"后移"也代表了教师教育职前与职后"一体化"课程发展的趋势。专业课程包括五系列课程群：A.体育锻炼手段与方法；B.体育教学训练学科；C.社会体育学科；D.体育保健康复学科；E.民族传统体育学科。

3. 调整学科专业课程

体育教育专业职前培养的专业课程即包括体育学科专业课程，又包括教育专业课程，是这两类课程的整合。而学术性与师范性的统一应更多地体现在教师教育的全过程。因此，职前培养阶段的课程设置主要侧重于提高普通教育课程和学科专业课程的质量规格，着重培养学生的人文与科学素养、学科能力和学术素养，而职后培训阶段侧重于开设更多的体现师范性的学科教育类课程。因此，学科专业课程的调整既是比重的压缩，更是课程结构的变化。其中，调整的重要特征是增加了学科教育类课程，如体育课程与教学论、体育教育学等。至于"术科"，其时数比重可适当减少。解决这一问题的思路是把"术科"改造为具有"经验课程"的特征。其特点是改变以竞技运动为主线的分类体系，改变以取胜为目标的竞技价值取向，降低技术难度、减少训练强度，以教育为价值取向，重新组织内容体系。具体内容包括竞技、健身、娱乐，以促进学生的认识、技能、体能、情感、行为和个性的协调发展。术科课程也是培养体育师范生设计、指导中小学体育课程能力的课程。

4. 重视隐性课程

课程的形态结构可分为显性课程和隐性课程。其中隐性课程的意义不可低估。对于体育师范生而言，体育场馆、运动设施、体育器材等物质条件，学科专业教学的组织方式、课程方案的设置、学生评价管理制度、教师的教学语言、习惯兴趣、师生关系等"软件"构成了体育教育专业隐性课程的基本要素和结构。这对于学生正确的学科意识、专业意识和课程意识的养成是显性课程所不可替代的。

第四节 我国高校体育教育专业教学实践课程模式构建

高校体育教育专业是教育学门类中培养未来体育教师的专业，实践教学能力是学生的一种综合能力，它决定了学生能否胜任未来体育教师的工作。调查发现，我国体育教育专业学生的实践教学能力有待进一步提高，高校体育教育专业实践教学能力的培养体系有待于进一步完善，课程教学未能有效地发挥教学能力的培养作用，致使学生实践教学能力不能满足基础教育新课程的需求[①]。

一、体育教育专业学生应具备的实践教学能力

一般来说，通过在校四年的体育教育专业学习，学生应当具备的体育实践教学能力主要包括以下几方面：

1. 教学设计能力

它包括9个因素：确定教学目标的能力、有针对性地选择体育教学内容的能力、运用体育教材的能力、编写体育教案的能力、选择体育教学方法的能力、运用体育教学手段的能力、设计体育教学策略的能力、合理安排运动负荷的能力、布置教学场地及选择体育器材的能力。

---

[a] 张明伟，吕东旭. 高校体育教育专业学生教学能力培养的调查分析 [J]. 体育学刊，2010（04）.

2. 课堂教学执行能力

它包括15个因素：教学讲解、运用口令、动作示范、课堂教学管理、指导动作技术、组织练习、健康意识的培养、设疑（提问）、学练法（学习和练习方法）指导、收集体育教学反馈信息、布置作业、处理突发事件、对危险（有难度）的动作进行保护和帮助、教学比赛战术指导、激发学生的学习兴趣能力。

3. 课外体育活动的组织及指导能力

这是体育教师多元能力的体现，包括组织竞赛、竞赛裁判、指导课外体育活动和指导运动队训练4种能力。

4. 其他教学能力

除上述能力外，专家认为，中小学体育教师教学能力还应包括体育教学研究、体育教学反思、体育教学评价三种综合能力。

二、体育教育专业学生实践教学能力培养的课程模式构建

（一）指导思想

以"建构主义学习理论""行为导向教学理论"和"学习迁移理论"为理论依据，以教学论和体育理论为基础，运用横跨教育学科、体育学科和多种体育教育专业普修课中体育技术项目课程为一体的综合课程。该课程贯穿于学生在校期间的全程，从学生教学能力的形成规律出发，以培养学生体育实践教学能力为宗旨，以教学技能培训为主要内容，将行动过程与学习过程统一，将理论教学和实践教学结合，将教学知识与教学技能融为一体，在校内的模拟教学环境中，通过学生参与设计、实施和评价等教学活动过程，系统有序地培养学生实践教学能力。这有助于改变以往在校内培养阶段缺少体育教学实践和"书本上练教学技能"的弊病，为学生从高校走向体育教师岗位筑建一条捷径，为高校体育教育专业学生实践教学能力的培养提供新的思路。

（二）培养模式的课程平台

培养模式的核心是综合课程平台，它既是贯穿于学生全程在校期间实践教学能力培养的主线，更是培养模式运行的落脚点。区别于现行开设的传统《体育教材教法》等课程，该综合课程平台将目前开设的教育学、教学论、体育教学论、学校体育学、体育教材教法等课程与多种体育教育专业普修课中体育技术项目课程（如田径、体操、各种球类等）的理论与实践融为一门实践教学能力培养课程。打破了原有的学科、课

程的界线，重新构建课程的逻辑结构，建立体育学科和教育学科立体交叉的课程体系。

该课程为系统开展科学合理的高校体育教育专业学生的实践教学能力的培养提供了重要平台。该综合课程平台的搭建，更强调以教学能力培养为主线，既摒弃了以往的体育技术项目课程以体育技能为主线的"体育学科中心型"的课程模式；又能改变在目前的体育专业教学中普遍存在的各门课程任课教师之间缺少协调的现象；同时，也有助于避免某些相关课程（如目前开设的体育教学论、学校体育学、体育教材教法、各术科等）之间界限不清，教学中出现某些教学内容重复，而另一些重要内容缺失的现象。

（三）培养模式的内容框架

以该课程为平台，实践教学能力培养为主线，将教学培训内容模块化。依据教学规律和教学技能的内在结构，将教学培训内容分为基础模块和提高模块两大部分。再根据教学培训内容将基础模块和提高模块各分为单项技能培训模块和综合技能培训模块。其中，基础模块是必修部分，在提高模块中，学生可以结合自身教学能力的状况适当选择。

每个模块包括多个体育技术项目，并且按项目设定主题，如：田径教学项目、篮球教学项目、体能健身教学项目等。在开展每个具体项目教学培训时，按照专家咨询所认定的31项实践教学主要能力，把教学技能分解为教师教学讲解技能、动作示范技能、讲解与示范相结合技能、口令及组织队列技能、组织学生练习及指导技能等；把教学理论知识渗透到相关的教学培训项目中去，促进理论知识到实践的迁移，实现理论与实践的无缝对接，把理论教学知识进行技能化改造，转化成技能培训内容分配到教学中。

"学习迁移理论"和"建构主义理论"认为，课程内容的选择和安排要考虑到学生现有的知识结构和能力水平，让学生调动原有的智力背景来建构新的知识体系，学习的内容应有旧知识的铺垫和新知识的拓展，促进先前知识和当前知识的迁移可见，理论知识的学习根植于实际操作的基础上。因此，在重点进行单项技能培训的同时，还要注意多种教学能力的综合运用，由线性培训的单项模块转向综合培训模块，使已学过和掌握的各种教学技能通过不同培训项目得以运用和强化，从而提高该项教学能力，促进不同教学技能的迁移，达到融会贯通，触类旁通的效果。

（四）培养模式的运行方式

该培养模式的运行方式主要是采用普通课与微课相结合的形式进行。学生借助于教学大纲，展开模拟性教学，通过自己的学习与体验感受老师教学中的体验。

1. 师生共同研究教材并明确教法

在开始模拟教学前期，教师的指导很重要。根据体育技术项目内容，结合学生个体的教学能力水平和特点，教师要有计划、有针对性地指导学生学习该技术项目的教学与评价知识和技能，使学生了解该技术项目的教学基本理论知识、规范的教学行为，明确教学目的和要求，完成相应的教学文件和教学准备。

在教师的指导下，与学生共同进行教学设计，研究教材并明确教法。对学生人数较多的班级，可以将学生分成若干小组。在完成备课和教学文件的基础上，学生采用"说课"的方式在小组内进行演练并进一步完善教学文件，直至学生脱稿并从理论上熟练掌握教学内容、教学环节等，再进行模拟实践。

教师的指导以集体指导为主，以个别指导为辅，通过讲解、示范、观摩录像或现场听课的方式进行，教师可以边讲边做，学生边学边练，将教学过程和学习过程融为一体。

2. 模拟教学的实践

采用分组教学的组织形式，每组一般 5～10 人，轮流进行授课，教学时间 5～10 分钟。同组的其他同学作为授课对象配合授课者进行课堂模拟教学，录制每一位学生的授课过程的影像，以便师生共同讨论和评价，同时也记录了学生实践教学技能提高的过程。通过观摩和参与对教学效果的评价，从中学习其他同学的讲课技巧，同时也能不断总结经验和教训。

3. 教学评价与反思

模拟教学后，对学生模拟教学的状况进行及时的教学评价与反馈。除了模拟教学现场的评价以外，还要回放各个小组所录制的每一位学生授课过程的影像资料，采用教师指导和评价、学生自评、学生互评、教学研讨等方式反思课堂上出现的问题，共同讨论解决办法。全体同学共享小组评课结果和对策方案，这样既解决了问题，也使同学们从中都得到启发，从而促进全体学生共同提高。同时，鼓励学生撰写教学自我反思报告、教学后记、教学心得，积累教学经验，提高教学反思能力。

4. 修正及改进教学

在教学评价与反馈的基础上，按照师生达成共识的对策方案，要求学生及时修正错误。经过评价合格后进入下一个项目的学习，否则，修改后再循环到本项目模拟教学。在这种教学培训中，教学的各个环节形成多向有机联系，保证了教学质量，提高了教学能力，使整个教学培训体系化、完整化，从而保证培训的实效性。

通过这种培训后的反馈指导环节，保证了学生的修正、提高和教学反思过程，形成相对固定的教学模式。还可以将这种课程培养模式与教学见习、教育实习相结合，使三者处于适时多次交替配合的最佳状态，使学生始终处在学习—实践—反思—研究—再学习—再实践—再反思—再研究的良性循环中。这样，学生既能有机会全面具体地体验体育教师教学工作的内涵与职责，又有大量时间讨论和反思自己的所学与所教，从中验证、再现或改进个人已有的教育理论知识，不断主动建构新的教学知识和教学技能。同时，还有助于改变以往高校只在学生毕业前安排一次8周左右的体育教育实习，发现的教学问题无时间、无机会修正与提高的被动局面。

（五）师资力量的保障

为了保障该培养模式的有效进行，师资力量的整合是十分重要的一环，也是优化教学资源的举措。鉴于培养过程的宽泛和综合性，教师组的形式便成为指导教师的客观要求。同时，在选配指导教师时，应该本着任课教师应该具有坚实的教育理论知识、体育理论知识和较强的体育项目基本知识、技能及体育教学能力的原则。多位指导教师共同任教，还可以达到优势互补的作用，能够使学生在优化的平台上学习和领悟教学理论，实际体验教学过程，有效地提高学生体育实践教学能力，在相同的时间内能更多地学到体育教学知识和更扎实地掌握教学技能。

体育教育专业学生应具备的实践教学能力主要包括教学设计能力、课堂教学执行能力、课外体育活动的组织及指导能力以及其它教学能力，共计31个主要因素。基于上述体育教育专业学生应具备的实践教学能力，以"建构主义学习理论"和"学习迁移理论"等理论为支撑，构建了体育教育专业学生实践教学能力的培养模式。该模式以综合课程为平台，横跨教育学科、体育学科和多种体育教育专业普修课中体育技术项目课程，采用普通课与微课结合的形式，并贯穿于学生全程在校期间，在校内的模拟教学环境中，系统地组织学生将理论教学和实践教学结合，改变了学生在校期间教学实践不足的状况，为学生从高校走向体育教师岗位筑建了一条捷径，为高校体育教育专业学生实践教学能力的培养提供了参考思路。

三、当前我国高校体育教育专业人才培养模式现状分析

当前我国高校体育教育专业人才培养模式的现实状况，是对其予以创新的前提，当前我国高校体育教育专业人才培养模式的现状可以从以下几个方面来审视：

（一）人才培养目标现状

培养目标是依据教育目的而制定的对受教育者的特定的规格标准。教育部在关于体育教育专业的人才培养目标中明确规定："以社会需求为导向，以基本素质培养和技术应用能力为主线，培养具有社会主义核心价值观，能胜任中小学体育工作，并能向多方向发展、服务地方社会经济发展，具有创新精神和实践能力的基础实、能力强、素质高的应用型人才"，并就这一培养目标制定了具体的培养规格。从目前我国高校开设体育教育专业的高校类型来看，主要有专业的体育类高校、师范类院校以及综合类高校三种，具体来看，体育类高校的体育教育专业的人才培养目标主要是培养能够胜任学校体育教育教学、训练、竞赛工作以及从事相关的体育教育研究、管理等的复合型人才，学生的专业技能较为扎实，但综合素养不高，尤其是在人文素养较为欠缺；师范类院校的体育教育专业一般注重培养学生的体育教育的基本理论、基础知识和技能，其在此基础上能够从事中小学体育教育、体育研究、训练和管理的复合型人才，学生的专业技能不及体育类高校的体育教育专业生，但是在综合知识、人文素养方面具有优势；综合类高校中的体育教育专业侧重在培养学生的扎实的体育教育的基础知识、理论和技能的基础上使学生能够胜任学校体育教育工作的复合型人才，学生相对来说综合素养更高，但是专业技能较低。

由此可见，当前我国不同类型的高校对体育教育专业人才培养目标上虽然各有侧重，但都随着社会的发展而注重培养"复合型的体育教育人才"，不仅要求能够胜任基本的学校体育教育教学工作，而且还能胜任基本的体育教学研究工作，这是新世纪以来我国体育教育人才培养模式的一大进步，但是也应该看到，当前这三类高校的体育教育专业人才培养模式虽然已经有了较大的改进，但是还存在不少的问题，主要体现在以下几个方面：

1. 人才培养目标较社会发展相对滞后

从当前各大高校的体育教育专业人才培养的现状来看，都以培养中小学的体育教师为主，由于受到就业形势等方面因素的影响，学生从一入校开始，就普遍存在着重视专业训练而忽视理论知识的学习和综合素养的提高，人才培养目标在大学四年的培养过程中较为笼统，缺乏层次性和针对性，而随着我国经济社会的快速发展，大众体育和休闲体育的快速兴起，原有的过于注重培养学校体育教师的培养目标已经难以真正适合社会对综合性复合型的体育人才的需要，我国高校体育教育人才培养目标的改革已经势在必行。

2. 人才培养类型单一化

虽然目前我国培养体育教育专业人才的高校类型日益多样化，但是与此形成鲜明对比的是我国高校体育教育专业人才培养类型上却相对单一，即主要培养的是各大中小学学校的体育教师师资，距离真正的体育教育"复合类人才"的人才培养愿景还有相当大的差距，难以很好地满足新时期社会发展对复合型体育人才的需要。

（二）课程设置现状

课程设置是高校为有效完成人才培养目标而设置的学术门类，从课程设置的现状来看，目前我国高校中体育教育人才培养中的课程设置已经探索出一套相当成熟的课程设置方法，主要采用理论教学与实践教学相结合的课程设置模式，主要通过体育教育专业必修课、公共必须课、专业选修课和公共选修课四种课程来完成学生对体育教育理论知识的学习，通过课外实践学习即实习和毕业论文来提高学生的体育教育的实践能力的培养，课程设置的总体现状如下：

1. 专业必须课：目前我国各大高校在体育教育专业的专业必修课在专业设置往往占有很高的比例，这对于培养和提高学生的体育专业水平是必须也是必要的，但是目前各大高校在专业必须课的具体的课程设置上却普遍不尽合理，主要体现在课程设置注重统一性，缺乏灵活性，没有很好地根据不同学生的兴趣、特长及专业特点来进行弹性设置，导致课程设置不能很好地激发学生的学习积极性，培养质量不高。

2. 公共必须课：在体育教育专业中设置一定的公共必修课的主要目的是为了在培养学生的体育专业能力的同时提高他们的综合素养，因而公共必须课大多涉及面较广，涉及人文社会科学及自然科学等领域，从目前各大高校体育教育专业的公共必修课开始的具体科目来看，主要有大学语文、计算机、外语、政治理论课等科目，而一些学生真正需要了解的和感兴趣的则由于现实条件的限制则很少开设，如哲学、健康、经济、文化学等方面的则基本为零。众所周知，体育专业是一个集人文学科和自然学科为一体的综合学科门类，学生不仅需要掌握一定量的自然学科知识，也需要了解一些人文社会学科方面的基础知识，这就需要高校在公共必须课的设置上"下足工夫"，从而为学生更好地掌握体育教育的专业知识，培养体育教育复合型人才而奠定基础，而从我国高校目前所开设的公共必须课的现状则很难达到这样的要求。

3.专业选修课和公共选修课：科学的选修课的设置能够快速地将体育学科及其他学科的最新研究进展快速地传递给学生，对于扩招学生的知识面、提高教育教学的针对性以及提高学生专业学习的动机等方面都有重要意义，而目前我国高校体育教育中的选修课开设无论是专业必修课还是公共选修课都存在着选修课开设较少，可供学生选择的选修课过少，缺乏弹性，选修课的开设和授课普遍存在走过场而流于形式，难以真正有效地对必修课予以辅助和补充。

（三）教学方法现状

教学方法在人才培养过程中具有重要意义，是关系到教师组织和引导学生进行专业学习，获得专业成长的基本活动，是高校进行专业教学改革的重要突破口之一，教学方法的科学选择和灵活运用有助于充分调动师生双方在教学中的积极性和主动性，从而优质地完成教学任务，而目前我国高校体育教育专业教学中，师生双方的教学方法的使用现状令人担忧，特别是在部分教师的思想和行动中，还存在着重教学内容、轻教学方法的倾向，大多数教师在授课过程中过多使用多媒体教学，"填鸭式"教学及教师一言堂的现象还普遍存在于高校体育教育专业的课堂中，学生主题性地位被遮蔽，死记硬背，严重影响了体育教育专业的人才培养质量。

四、创新我国体育教育专业人才培养模式的途径创新

我国高校体育教育专业人才培养模式，需要从当前体育教育人才培养模式中的不足入手进行，笔者以为可以着重从以下几个方面进行考虑：

（一）转变体育教育人才培养观念

理念是行动的先导，我国体育教育人才培养模式不足的根源在于人才培养的理念落后，重视人才培养的社会价值而忽视主体价值，重技能提高轻素养培养，因此着力

更新各大高校的体育教育人才培养观念，树立全面发展的观念，努力培养德智体美全面发展的高素质的体育专业复合型人才，鼓励个性发展，不拘一格培养新时期体育教育专业人才。

（二）从社会发展和体育人才成长的内在规律来综合设置课程

体育教育专业课程设置必须同时兼顾社会发展需求和体育人才成长的内在规律两个方面，不可偏废其一。在社会因素方面，及时根据社会发展对于复合型体育教育人才的呼唤，调整课程结构，扩展专业课程和选修课程，从而解决当前体育教育师资过剩而其他方面例如休闲体育指导者、体育保健康等方面人才短缺的问题，另一方面，在课程设置上还要充分照顾到不同学生的兴趣爱好，尤其在选修课的设置上要加强灵活性和多样性，提供优质的教育资源，提高学生学习的积极性和学习动机，进一步提高人才培养质量。在加强课程建设方面，教育部门应统筹相关高校，着力加强优化高校体育教育课程资源的优化配置，目前我国培养体育教育人才的高校主要集中有体育类高校、师范类院校和综合性高校三种高校，这三类高校各具优势，课程资源总量很大，因而如何将这些巨大的课程资源转化到人才培养上是今后体育教育专业课程设置和优化的重大课题之一，各个学校应因地制宜、综合利用各种课程资源，提高人才培养质量，例如师范类院校在体育教育人才培养的过程中，可以充分自身师范类院校师资力量较为发达的优势，在选修课上向学生提供更多的自然和人文学科的课程；而体育类院校则可以充分利用校内外的各种资源，提高学生的综合素养，加强课程资源优化配置，提高培养质量。

（三）加强体育教育课程教学改革步伐

体育教育人才培养模式的改进和创新最终要落脚到课程教学中来，因而高校要不断加快体育教育课程教学的改革步伐，着力加强教师培训，转变教师角色，使教师在授课过程中注重学思结合，多利用探究式、启发式的教学方法，培养学生对体育学习的兴趣，关注不同学生的特点和个性，努力发展每一位学生的优势和潜能，增强学生积极进行体育教育的社会实践，并给予学生适当的指导，提高社会实践实效，提高师生教学活动的有效性。总之，加强我国体育教育人才培养模式的创新，是一项系统性的复杂工程，教育部门应着力在此过程中发挥统筹协调作用，组织相关高校就这一主题进行研究，着力加强和推进体育教育人才培养体制改革，有效满足我国经济社会发展和体育教育人才自身发展两个方面的现实需要。

第三章 国际视野下的体育教育专业教学实践改革

第一节 美国体育教育改革

一、体育课程目标

美国体育教育的目标经历了不断发展和完善的过程。19世纪后半叶，随着美国公共教育体系的建立和许多新的运动形式的出现，产生了许多关于体育教育的设想。这奠定了最初的体育教学目标的基础。1879年，哈佛大学体育教授Dudley Sargent列出了体育训练的四个主要目标：卫生、教育、娱乐和治疗。Sargent还认为这些活动能够促进自我约束能力和个性的发展。

19世纪后期出现了许多体操教育模式，其中两种最有影响。一是由Frierich John倡导的德国模式，试图培养年轻人的公民责任感，希望能促进身体的健康、身体的灵活性和使身体更强壮。另一种由美国的Nils Posse所提倡，基于传统的瑞典体操。Posse把这一教育模式的目标表述为为达到适当的身体发展程度和学会准确、简单、优美的动作所进行的身体训练。

20世纪以来，美国体育教育的目标继续得到拓展。它们和新出现的哲学理念有关，如：教育发展唯心主义和公共教育体系的立法。1910年Clark Hetherington直接从教育发展唯心主义出发，概括了"新体育"的4个主要目标，包括：

（1）机体教育——肌肉和骨骼的发展。

（2）心动教育——神经肌肉活动中的技能发展。

（3）品德教育——道德、社会性和个性特征的发展。

（4）智力教育——认知能力、知识表现能力的发展。

Hetherington的目标体系持续影响着20世纪中叶美国的体育教育目标。从此，学校教育中的身体活动已不再被认为是单纯的身体活动，而被看作是为达到多样化教育结果的一种方法。这一转变意义重大，拓宽了学校体育教学目标的范围。

20世纪50年代至90年代，体育教育继续以Hetherington的教学目标为基础。但是可以明显地看到，这些目标之间的平衡发生了变化。起初，体育教育重点强调课程中运动的发展。然而，通过参与组织严密的个人和团队运动，使个性得到发展，也是体育具有的很高价值的目标。随着时间的推移，身体教育在这些目标中占据了重要地位。这种现象出现的起因是几份关于美国青少年心血管和肌肉健康水平低下而令人担忧的研究报告。这推动了学校教学计划中身体教育目标地位的快速提升。

与此同时，美国学校体育还出现了强调发展智力目标的趋势。这一目标体现在两个方面：第一，体育教育应当教授科学原理和知识，简而言之，就是让学生有更多的东西可想；第二，体育教育要发展学生的认知能力，促进学生之间的相互学习。由此，许多学校灌输的机械式的学习知识、数学和书法的方法，逐步被发现学习法所代替，要求学生学会如何学习和处理信息。体育发展学生的创造力、表现力和智力的功能受到格外重视。

体育教育进入20世纪90年代后，在Hetherington的四个主要目标中寻找真正的平衡成为体育教育的方向。不同的州、不同的学者提出了多种不同的目标体系，但人们对这些目标体系存在激烈的争论。虽然在这个问题上人们还没有取得一致看法，但是，今天许多美国学者对学校体育教育计划的意见正逐步向一种专业组织设立的目标和结果靠拢。这就是美国国家运动和体育协会（NASPE）提出的"接受过体育教育的人"（Physically Educated Person，以下简称"体育人"）的目标。

1992年美国国家运动和体育协会公布了质量体育计划（Quality Physical Education Programs）的研究成果，在该成果中就体育教育的目标"体育人"做了如下定义：

1. 学习实践各种身体活动所必需的技术。
2. 保持适当的体能。
3. 定期参加身体活动。
4. 了解进行身体活动的意义和价值。
5. 认识到身体活动及其对形成健康的生活方式所具有的价值。

从上述5要素出发而形成的定义，包含20个子要素。具体如下所示：

1. *学习参加各种身体活动所必需的技术*

（1）通过运用身体感觉、空间知觉、努力、人际关系等概念进行运动。

（2）展现各种使用器械、动态的和静态的技术的能力。

（3）展现个人或与他人一起的使用器械、动态的和静态的技术组合的能力。

（4）展现适合各种各样的身体活动形态的能力。

（5）展现熟练从事几种身体活动形态的能力。

（6）掌握学习新技术的方法。

2．保持适当的体能

（1）评价、提高和维持体能。

（2）遵循训练原理，制订安全、个体化的体能增进计划。

3．定期参加身体活动

（1）1周至少参加3次旨在增进健康的身体活动。

（2）选择适合生活的身体活动，定期参加。

4．了解进行身体活动的意义和价值

（1）认识到定期参加体育活动的意义以及获得的益处。

（2）认识到影响参加体育活动的主要危险性和安全性因素。

（3）运用相关概念和原理提高运动技术。

（4）理解wellness除体能外还有其他含义。

（5）体会与所选择的身体运动有关的规则、战术和合理的行为方式。

（6）认识到参加身体活动可以进行多种文化的国际性交流。

（7）理解通过身体活动获得愉快的体验、自我表现和交流的机会。

5．认识到身体活动及其对形成健康的生活方式所具有的价值

（1）认可通过参加身体活动所能产生的改善人际关系的作用。

（2）重视为追求一生健康和幸福进行定期身体活动的作用。

（3）强调定期从事身体活动所产生的感觉。

NASPE的结果显然强调不同目标的平衡。如果这一文件主导21世纪美国的体育教育计划，那么必须改变倡导某一目标就得以牺牲其他目标为代价的做法，并且承认，体育人应当是知识全面，有体能和技能、经常参加体育活动，重视体育并视其为生命中不可缺少的部分，终身参与到体育活动的人。很显然，对一个尚未达成一致认识的职业领域而言，这是一项艰难的工作。但是有迹象表明，NASPE的体育教学目标正逐

步在全国范围内得到认可，其相关内容在许多州的学校教学计划中已经出现。

二、体育课程内容

体育教育的核心目标，决定了各历史阶段学校体育教学计划的内容。教学计划的内容涉及为使学生达到教学计划目标而教授的活动和科目，这其中包括教师所知道的运动形式、运动概念和他们要教给学生的知识。美国最早的体育教学计划叫做身体训练，反映的是一套有限的教学目标和目的。这体现在这些教学计划主要包括体力劳动和军事训练。常见的形式有学生砍树、学习列队行军、在学校的菜园种植蔬菜、参加远足和野外活动。而圆山（Round Hill）学校的教学计划除了重视身体训练外，还第一次增加了几种运动和户外教育，扩展了教学内容。

19世纪中后期，德国和瑞典的体操模式得到充分阐述，但是因教育目标的局限性导致了仍被称为身体训练的体育课程内容的局限性。德国的教学计划包括队列训练、游戏、单人活动、器具表演和徒手表演，还有自由练习等。直到19世纪末，体育协会出现了许多教学计划，瑞典的体操体系也使用一些小型的器械，但强调自由练习要胜过使用器械的运动。虽然这两种体系随着时间的推移扩展了教学内容，但教学计划并没脱离体操的根本太远。19世纪中期，因为其明确的目的和无可置疑的重要作用，以单一内容为主的教学在体育教育体系中占了主要地位。临近19世纪末，体操模式教学内容的局限性成为其最大缺点。它无法为学生提供所需范围内更广的学习内容，以适应新的学习目标——扩展体育教育目标的要求。

新哲学思潮的出现和发展，使以体操模式为基础的课程计划有了发展道路，使学校体育有了一个更广阔的视野。逐步增加的多种竞争性运动或随着19世纪的第二次移民浪潮从别的国家带到美国，或在美国本土得到自生发展，为新目标提供了适合其要求的教学内容。从1850年到1900年，许多今天流行的运动在美国开始被许多人喜爱，包括篮球（分男、女）、排球、网球、棒球、足球、羽毛球和高尔夫。1900年到1950年这段时间，以运动为基础的课程内容在学校教学计划中占据优势地位。这要归结于Hetherington阐述的目标和教育行业在1918年采用的Seven Cardinal的三条原则。运动被看作是提升健康水平、充分利用空闲时间、发展个性特征的有效工具。在第一次世界大战和第二次世界大战期间有两次意义重大的改变，即中学和大学利用有对抗性的柔软体操、游泳和其他能促进军事训练的活动培养士兵。在20世纪50年代到60年代的大部分时间里，学校体育教学计划的内容保持稳定。虽然学校体育在整个体育事业中的比重逐渐增加，但在这一时期竞技运动也力图谋得更多的比重。

从1960年以来，体育教学模式、运动种类和运动理念快速发展。体育教育中目标的差异和扩展致使体育教育发生以下变化：

（1）反对具有竞争性的、以运动为基础的教学内容。

（2）规定体育的国家标准。

（3）指定与初级、中级、高级中学水平发展相适应的不同活动，形成三种截然不同的课程内容。

（4）加大对相互竞争的不同理论在设计教学计划和内容中的运用。

（5）从相关研究，特别是针对儿童和年轻人的健康需要的研究中得出结论。

（5）新运动项目的发展（如极限运动）。

（6）女性在运动中得到了更加公平的机会。

（7）学校为特殊儿童制定了相关的政策。

自20世纪50年代以来，我们目睹了多种运动形式的盛行，像冒险运动、室内攀岩、飞盘、滑板、自行车越野、冲浪等新兴运动项目。所有这些运动只是在近二十多年来才吸引了许多人的参与。

随着运动项目数量和种类的增加，年龄和能力不同的人可以广泛参加各种活动。性别和年龄的障碍逐渐减弱或消除。所以不同年龄、不同性别的人都可以在一种或几种形式的训练、运动和游戏中找到感兴趣的活动。除了兴趣，他们还可以在其所选择的任何一种活动中得到共同的需要，即学习怎样提高技能和学会更多的知识。

在一段时期内为所有中小学学生提供无限的活动选择，以提高受过体育教育的人的和谐发展，其预期结果是学习内容的选择范围不断扩大。表3-1和表3-2给出了两个主要年级水平组的部分现代教学内容。需要指出的是，各年级水平组的体育教师不仅要懂得自己的教学内容，还要教学生在每个教学单元中能够安全、有效、恰当地运动的方法。

表 3-1 体育课程内容的范围（初中计划）

内容	举例
体能	有氧运动、循环训练、健康观念、慢跑、伸展运动、步行
发展性体操	平衡木、翻跟头、旋转
舞蹈和韵律活动	拍手、队列舞蹈、行军、广场舞蹈
组织松散的游戏	接力、标签游戏、伙伴游戏
抢先游戏	纽科姆、乐乐棒球、绳球、三对三足球
教材化游戏	小场地游戏、变换规则的游戏
操控游戏	接球、运球、踢球、击球
非运动技能	平衡、伸展、扭曲
动作概念	身体意识、距离、耐力、力量、水平、技能主题、速度

表 3-2 中学体育计划内容（初中和高中）

类别	具体项目
冒险运动	背包运动、远足、绳索下降、攀岩、跳绳
水上运动	独木舟、潜水、游泳、呼吸管游泳
体能运动	有氧运动、体能概念、骑自行车、慢跑、个人体能计划设计
团队运动	棒球、篮球、橄榄球、曲棍球、垒球、足球、排球
个人/双人运动	射箭、击剑、羽毛球、保龄球、高尔夫、匹克球、网球、田径、摔跤
合作性/自主性运动	群体自主运动、新兴运动、信任运动
娱乐活动	飞镖、飞盘、队形溜冰、乒乓球
舞蹈和韵律活动	时尚舞蹈、舞厅舞蹈、国际/民间舞蹈、队形舞蹈、现代舞蹈、方块舞蹈
体操	地板运动、器械运动、跟头运动
武术和东方术	合气道、自卫、太极拳

三、体育教育模式

近年来，随着美国体育课程改革的不断深入，一些比较成熟且具有代表性的体育教学（或课程）模式开始在体育教学实践中得到应用。这些模式主要有西登托普的运动教育模式、汤姆·迈肯兹的 SPARK 模式、海尔森的社会责任感模式和健康体能模式。

（一）运动教育模式

运动教育模式强调的是以活动为基础，它在 20 世纪 80 年代在美国俄亥俄州立大学被提出。最核心的目的是让学生熟悉运动文化，提升自身的运动热情和参与的积极度。它创新地将课堂上的体育课以及课外活动等运动结合在一起。无论学生自身能力水平如何，都提供一种相对公平的参与竞技的平台，让每个人都有机会参与其中。目前，运动教育在美国、欧洲、澳大利亚以及东南亚地区有广泛影响。

运动教育模式为学生提供获得真实的、富有教育意义的运动体验的机会。按照西登托普的观点，运动教育模式对课程和教学都有重要意义，是一种双功能模式。第一，运动教育也可以看成是一种课程模式，与其他模式最明显的不同之处在于：它是运动变成了组织管理体育课程的中心，即所有教学活动都以改变后的运动形式进行，这种改变后的运动形式更适合学生的学习。另一方面，作为一种教学模式，它通过教师的直接指导、小组合作学习和伙伴学习来实现其目的，即它使用综合的方法进行教学设计。

1. 运动教育模式的理论基础

运动教育模式的基础理论简单明了。西登托普认为，假如人们接受某种运动，而且，这种运动对社会有价值，那么社会就会创造一种方法使学生学习这种运动文化和参与运动。很简单，我们必须使每一个学生学习运动文化，而学校则是最好的学习场所。它能提供广泛的、平等的、有教育意义的运动经验。因此，运动教育模式可以设计传承运动文化的方法，在某种程度上是以积极的运动为特征的。

2. 运动教育模式的目的

西登托普提出了运动教育模式的三个目的：能力、文化和热情。

（1）能力强的运动者：这样的人拥有熟练的技术，参与比赛表现比较突出，在复杂的比赛中得到运用战术，属于运动知识渊博的人。

（2）文化理论强的运动者：这样的人懂得运动规则，对运动仪式、传统等都非常了解，能够清楚地将运动练习的好坏区分出来，并对不同运动种类进行判断，既具备参与运动的能力，还具有评价运动能力的知识型人才。

（3）积极乐观热情的运动者：无论任何一种形式的运动，这样的人在行动上都表现的很积极，用高度的热情参与其中。运动团体中的一员，应该具备热情高涨的精神，还要积极主动地参加全国性乃至国际水平的运动。为实现这样的目标，西登托普提出了以下一些要求：

（1）发展专项运动技能和体能。

（2）欣赏并能够运用战术。

（3）参与某一水平适合学生发展的运动。

（4）共同计划和管理运动。

（5）具有责任感。

（6）小组为共同目的有效地工作。

（7）欣赏专项运动特有的礼仪和习俗。

（8）培养做出理性决定的能力。

（9）学习裁判和运动训练的知识，并能够运用。

（10）自行决定进行课余训练。

运动教育模式通过使学生扮演各种运动角色来全面学习运动文化。一旦学生有了积极的运动学习经历，他们就会扩展运动参与，超越体育课的范围。这正是终身体育所追求的目标。

3. 运动教育模式的特征

运动教育模式具有六大特征：

（1）赛季。运动教育模式使用赛季而不是传统意义上的单元。赛季为超大单元，一般至少20节课。

（2）同学关系。学生在整个赛季属于一个学习小组，学生共同决策，共同体验成功与失败，实现共同目的，创造小组的特色和声誉，由此发展学生的情感和社会性目标。

（3）正式比赛。学生对比赛的结构和比赛规则进行修改。每个队根据比赛计划制订本队的短期和长期计划。

（4）最终赛事。赛事可以是团体赛，也可以是个人赛。要求所有学生都参与，即便作为观众也行。

（5）学习和赛事记录。使学生通过记录战术学习过程，增强学习兴趣，通过公布学习和比赛结果，评价学生的学习情况。同时，对比赛统计资料的记录与分析可以提高学生对技战术应用和双方力量的分析能力。

（6）运动节。学习过程因竞赛充满欢乐气氛，而使学生喜爱运动学习。这种模式引起了争议：我们是为了健身而参加体育活动，还是因为参加体育活动而实现了健身。对此，西登托普认为只要参加体育活动，健康水平肯定会提高。只强调过程而不强调结果[a]。

---

[a] 姚蕾. 体育教学论 [M]. 北京：北京体育大学出版社，2005.

（二）SPARK 模式

由汤姆·迈肯兹提出的 SPARK 模式不仅重视当下学生参加体育活动，而且还重视培养学生终身参加体育活动。通过体育活动促进身体健康，并且培养学生对体育活动的积极态度。SPARK 模式中，S 指 sports，P 指 play，A 指 active，R 指 recreation，K 指 kids。我们可以看出这是一个玩和积极娱乐的模式。这个模式是由圣地亚哥大学的汤姆·迈肯兹和他的同事提出的。这个模式也包括了各式各样的体育活动以及学生的自我调节，它不仅仅是让学生参加体育活动，而且在参与的过程中，能够进行自我调节。

汤姆·迈肯兹的模式能够发展学校体育。这一模式总是选择有益于健康的体育活动，同样也选择与竞技体育活动有关的内容，学生也学习一些竞技体育项目方面的技术。但是在学习技术的过程中，学生一直在积极地活动，而不是站着。这种模式能够帮助学生提高自我控制的能力。

SPARK 课程的目标是为了让学生：

（1）喜欢并主动参与体育活动。

（2）发展多种运动技巧以促进其在未来参加体育活动。

（3）发展和保持可接受水平的体能。

（4）发展在运动情境中与人相处的能力。

SPARK 课程计划由两部分组成：

（1）健康关注下的即时运动。

（2）学生们在保持高水平的中等强度以上体育活动时学习技术和技能。

有关 SPARK 的研究在美国最为成熟，并且有大量极具价值的研究成果。研究结果表明，孩子们喜欢运动，SPARK 提高了学生的健康和运动技术水平，并且积极推动了相关的学术研究。

（三）社会责任模式

海尔森提出了社会责任这一模式，目的是最大限度地培养学生对自己以及对社会的责任感。这个模式主要适用于城市里的孩子。在美国很多大城市里，有不少孩子存在社会适应问题。海尔森的模式的目的就是吸引孩子们参加体育活动，从而改变他们的行为模式，成为对社会有用的人。在美国有一个集合了所有学校体育方面信息的电子邮件名单，通过电子邮件联网就可以了解所有学校体育方面的教学情况。在该网络系统中，耗费半年时间对海尔森的模式进行探讨和验证，通过借助体育活动培养孩子自身的责任感。在十五个国家和地区，该模式取得的效果令人满意。

在海尔森看来，个人和社会所负的责任存在有不同。首先要培养学生借助于体育活动如何去尊重他人、理解他人；其次要通过参与的体育活动让自己全身心地投入其中；再次，加大学生自我导向水平的培养，让他们懂得如何去参与、如何去努力，通过对自己行为的约束，多做对身边人和社会有利的事；第四是培养学生从只关心自己转变为关心他人，能够考虑别人处在什么样的情况。

如何教会学生对个人和社会负责呢？有以下几种方法：首先对负责任下个定义，然后交流，这种交流不仅仅是师生之间的交流，还包括学生之间的交流。然后让学生依次经历刚才提到的五个水平。接下来给学生反省的时间，让他们自我思考和反省。反省过后让学生自己决定该怎么做，或者小组讨论决定该怎么做。再请教师等给予指导，最后是教师的归纳和总结。教师以自身素质影响学生，并参与一个教学过程，这将有助于教会学生更好地对个人和社会负责。

教学生对个人和社会负责任的课程结构通常是这样的：首先是课的开始，进入健身练习，之后是技术练习，使技术得到发展。接着培养学生处理问题的能力，至于如何培养则先让学生自己决定，然后大家讨论，讨论之后自我思考反省，最后向教师请教，得到指导。这样既锻炼了学生处理问题的能力，又培养了学生对个人和社会的责任感。教学生对个人和社会负责任的方法在世界各国得到了广泛的使用，它被认为是一种有效的方法。

（四）体能教学模式

体能教学模式是近年来流行于美国许多大、中、小学且与健康体能发展有关的教学模式，他与美国大众的体育健康观相一致。该模式强调向学生传授体能概念。其理论是，在学生的教育上，设置与体育目标相关的知识概念的课程有其重要意义：能够使学生积极、有知识、认识到规律性体育活动的价值。事实表明，体能课程在促进知识、改善对体育活动的态度以及改变以后的生活方式方面有其价值。

"生活体能"是一个广受欢迎的体能教育模式。它强调知识教学、实验室实验和用于成人的锻炼计划。体能课帮助学生了解体能和身体活动的知识，以便学生可以成为良好的消费者、计划制订者和问题解决者。学生参加班级活动、体育馆活动或户外体能活动。通过自我测试过程，学生获得体验，建立学习档案。该计划提供各种适合终身规律性活动的个人或集体体能活动。生活体能计划回答以下核心问题：

（1）为什么说体育活动对每一个人都重要？

（2）怎样进行体育活动？

（3）什么形式的身体活动是可行的？

该模式的目标以阶梯形状形象地表述出来（图3-1）。其理论是，如果学生爬生活体能的阶梯，他们更有可能一生积极地生活。许多题目包含了相关的信息和活动，包括心血管耐力、力量、耐力、柔韧性、脂肪控制、与技能有关的体能、正确的锻炼方法以及制订锻炼计划等。学生学习诊断和解决个人体能问题。他们有机会发展锻炼计划，解决自己关心的健康问题。

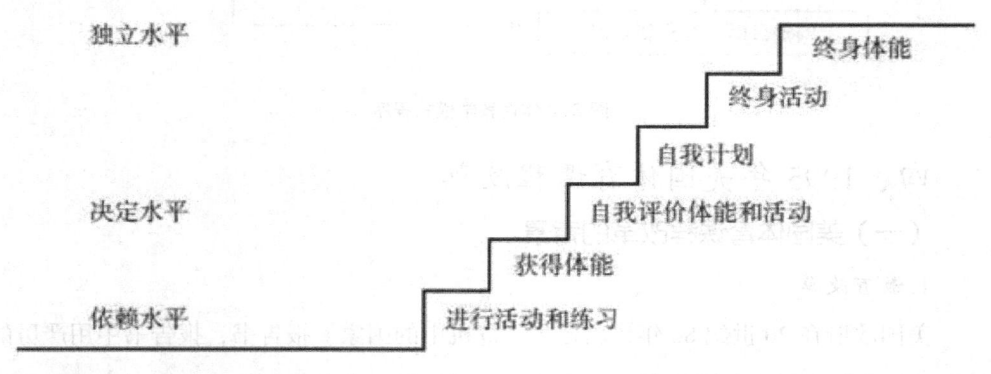

图 3-1 终身体能阶梯

体能教育模式强调对体能和健康知识的理解。提倡这种模式的人认为，强调知只教学增加了教学计划的可信程度。但是存在的问题是，知识教学时间的增加就意味着学生学习体育技能时间的减少。学生需要信息，但是他们也需要参加体育活动，需要时间去实践体育技能。精确地确定应当用多少时间学习体能知识，多少时间用来发展体能，是一件困难的事情。

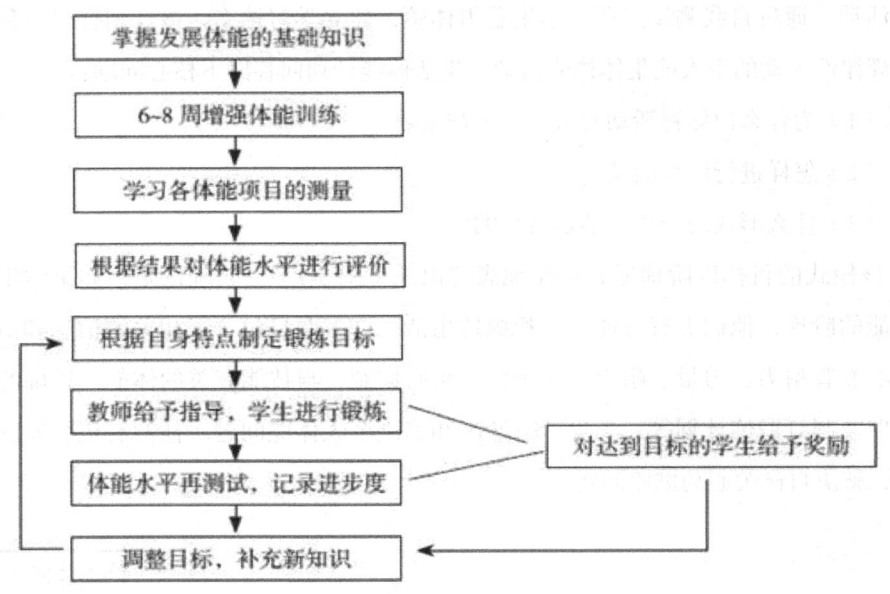

图 3-2 体育教学模式程序

四、1995 年美国体育课程改革

（一）美国体育课程改革的背景

1. 教育改革

美国政府在 20 世纪 80 年代出台了《危机中的国家》报告书，报告书中用严厉的口吻对美国青少年的基础教育的严重性进行了分析，学生基础知识掌握不牢靠，学习成绩不理想，使得学校整体教育处于很低效的水平。在这种情况下，"优质教育"被提出，美国从此便进行了长时期的教育改革。进入到 90 年代，美国教育改革的步伐和目的十分清晰，主要体现在以下一些方面：（1）大力打造"优质教育"，最大限度地提升学习能力；（2）教育内容进行了严格的划分和科学的规划；（3）用最快速度恢复学校秩序以及教学纪律；（4）对教育改革机构进行严格监管；（5）追究学区或学校对教育成果的责任。

追求高质量的教育改革对学校体育产生了深刻而全面的影响。

2. 学校体育的危机状况

（1）学校体育的危机意识

20 世纪 90 年代以来，美国教育改革的动向对学校体育十分不利，整个美国的学校体育都在明显衰退，消除体育危机的呼声日趋高涨。1992年美国著名体育学者Rink指出，在近年的学校改革中学校体育存在被忽视的情况，必修学分在不断减少。如马里兰州高中体育的必修学分减少了一半。这样的现象在美国各州都在发生。西登托普（1992）则指出，面对运动、健康体能价值提升的时代，学校教育中的体育缺乏对其价值认可的信赖性，因而成为校外嘲笑的对象，正成为"濒于灭绝的种类"。

（2）体育危机意识与教育改革的关系

首先，以基础课程学习能力提高为目的的教育改革，使得体育在学校教育中的地位下降。20世纪80年代初美国学生大学入学成绩普遍偏低，国民中日常生活必需的读、写、算方面的能力不足，引起美国政府的高度重视。于是，重新审视过于迎合学生兴趣的无价值的课程，甩掉包袱，重视国民所必需的基本教育内容，就成为20世纪80年代以来教育改革的中心议题。体育被普遍认为是一味迎合学生兴趣的"无价值"的课程，成为上至联邦政府，下到州和学区中不被人们关注的对象。其次，来自社会的教育问责，使体育处于不利境地。美国学校教育对纳税者而言，有说明取得相应成果的责任。那些不关心税金投入意义的学科，自然不可能在学校教育中继续生存和发展。传统的美国学校体育课程被认为过度迎合学生的兴趣，不能为社会提供有价值的教育，常常受到来自社会各界的批评。再次，近年来的教育改革不仅重视培养学生学习能力的读、写、算等基础课程，而且重视问题解决、决策力、掌握学习方法等思维能力的提高。责任感、自尊心、自我管理能力等人格发展的方面也成为重要的教育目标。这意味着美国对体育之于健康或体能的贡献，包括对整个人格形成的贡献的重新审视。

（3）产生体育危机意识的体育自身的原因

低效的体育计划和较低的社会信任感；对国民体能、青少年等方面出现问题没有根本性解决；学校缺乏对教师或教学计划的评价，教师研修机会不多，设施不足；无论是高中体育教师还是学校管理层，对体育教学的重视程度不高；体育班级人数多，体育课时间短，效果差。

（二）国家体育标准的及特点

1. 国家体育标准的目标及基本内容

为了实现优质教育的目标，自20世纪80年代以来，美国教育改革开始追求教育内容的标准化、统一化。受联邦政府委托，1995年美国健康、体育、娱乐与舞蹈联合会（AAHPERD）与全国教育目标委员会一起出版了体育的国家标准《走向未来——全国体育标准（内容和评价手册）》。国家标准是根据美国国家运动与体育协会1992年的研究课题"优质体育计划成果"中所界定的"体育人"（体育目标）的概念发展而来的。

美国运动与体育协会的"标准与评价专门委员会"以此研究报告为基础，为达成上述体育目标制定了以下7项内容标准，并出版了国家标准。体育的内容标准如下：（1）展示多种运动能力，熟练掌握几项运动；（2）将运动概念和原理运用于运动技能的学习和发展；（3）展示积极的体育生活方式；（4）获得和维持能增强体能的健康水平；（5）通过体育活动，增强自身在社会中的行为准则；（6）通过体育活动，对别人进行包容与理解；（7）了解体育活动为愉快、挑战、自我表现和社会交往提供机会。

国家标准还按照上述7项内容标准，给出了从幼儿园到高中12年级各阶段的发展重点及希望其达到的目标水平的例子，并提出了对达成度评价的方法。达成目标的设定可以说是从"针对个人"到"全体应当达成的目标"的教育目标的转变。这是向世界上通行的标准的转变。

2. 国家教育标准的特点

在美国学校体育的历史上国家体育课程标准是从未有过的。但是，此次国家标准的制定，并不意味着学校教育（包括体育）向中央集权制度转变，仍然保持教育分权制的特点，其国家体育标准自然也呈现出独特性，表现在以下方面：

（1）该标准缺少一定的约束力，作用只好比个指南，对各州的体育课程并没有做出说明。每个州可以根据自身的情况制定和安排课程。

（2）使体育的达成目标系统化和具体化。根据新修订的教育目标，国家体育标准把从幼儿园开始到高中12年级的初等和中等体育教育应当达到的目标具体化，并且给出了可供参照的样例，更加注重教学目标内在的统一性和连贯性。

（3）制定了便于操作的评价体系。过去，学校体育成果一直处于无法评定的状态，这在一定程度上阻碍了体育在学校教育中的发展。为了与此次教育改革目标一致，使体育教学成果能得到有效检测，全国体育标准提供了便于操作的评价体系，有了可操作的评价方法。

（4）强调通过运动学习发展学生的认知能力。进入到90年代以后，物理科学等受重视的程度越来越高，体育在学校中所处的地位也受到质疑。为扭转这种不利的局面，提升体育教学水平，让学校体育教学得到全社会的关注与支持，运动概念以及原理的应用也得到全所未有的重视。

（5）强调维持和增进健康的体能提高以及形成活动的生活方式。体能目标和迄今为止的体力促进不同，前者是以健康为焦点，考虑的是日常的身体活动、学习者自主活动能力的培养，以终身体育习惯的养成为目的。这是针对过去学校体育"忽视"社会对健康体能和健康日益高涨的要求而加以强调的，反映了社会对学校体育的客观要求。

（6）追求体育深层价值的实现。课程标准在要求掌握运动技术和运动原理的同时，还强调面向生活的教育和公民教育。让学生通过学习掌握与外界沟通的技巧，提升了人们对体育的价值认同。

（三）体育课程改革的特点

1. 体育课程目标的改革

如前所述，由于美国教育是地方分权管理制度，各州有自己的课程标准，并有权决定教材的使用范围。所以，一直以来，体育课程目标各不相同。但是，自90年代中期国家体育标准推出以来，它被关注的程度比以往任何时候都高得多。

2. 体育课程改革的一般特点

近年来美国体育界在对体育现状进行检讨的同时，学者们就体育在学校教育中如何生存，体育如何重建的问题进行了不断地探讨。这些探讨主要以概念学习、国家体育标准的制定及健康体能教育等新计划的开发为先导，尝试发展具有多元化特征的学校体育。综合起来，课程改革有两大方向：一是能够给予青少年全面教育的"优质学科"方向；二是主张体育具有独特的教育价值，针对社会要求发挥体育作用的方向。其特点可归纳为以下几方面。

（1）强调体育的学科性。以"优质学科"为目的的体育改革确认了体育作为能够对人的社会性和全面发展做出贡献的学科地位，尤其是对学生认知方面的关注。体育被认为是能够给予学生认识发展的课程，这与重视学术学习成果的教育改革的潮流相一致。倡导体育诸学科的成果，如将运动生理学、运动学、运动学习、运动的心理和社会方面等领域的知识运用于体育实践，编成中小学生容易理解的学习资料。

（2）重视健康体能的教育。20世纪70年代后半期以来，美国国民对健康和体能的需求日益强烈。美国卫生部发表了关于健康的生活方式的许多报告和指南，高度关注国民健康和体能现状。体育应该发挥本身的特点，积极承担起改善国民体能和健康状况的重任。由于人们重视体能的意识强烈，专家们开发了多种体能教育计划，如生活体能、实验性体能概念、SPARK、CATCH、了解你的身体、总统挑战、最佳体能、体能测验等。

（3）强调发展运动特有价值的运动课程。一般而言，在体育中不应把焦点放在运动的各种技能的习得上，或过分学习"运动"，而应以学习运动的内在意义为目的。各种独立习得的技能，在比赛和战术中不能应用也没有发展性，每年不断重复直至学习结束。教学改革强调大单元教学，不仅仅是熟练基本技术，更要重视战术的学习、规则规范的学习，熟悉教练、裁判等使运动和比赛顺利进行的各种角色及其义务责任。

（4）重视发挥教学评价的作用。强调操作评价和真实评价，即重视考评学生在真实或模拟真实环境下对知识的运用能力。开发了系统的评价工具和方法，形成了系统的评价体系。

（5）教学内容的多元化。美国学校体育教材内容一直都具有多样化的特点。如今，随着新兴运动（new games）的不断涌现，这种情况更是如此。2000年美国学者Michael W.Metzler在其著作《体育教学模式》一书中对美国中小学体育课程内容做了总结，其中中学(包括初、高中)体育教材内容分为10大类，近60多项。

（6）强调具有终身体育价值的运动的教学。在20世纪80年代中期，具有终身体育价值的项目，如跑步、游泳、羽毛球、网球和健美操等已占体育课内容的47.6%。

（7）舞蹈、韵律体操和娱乐活动等受到重视。

五、美国学校体育现状

自1995年美国出台国家体育标准以来，二十多年过去了，学校体育究竟发生了怎样的变化？美国有关教育部门、研究机构和学者做了大量的研究工作。

（一）州体育标准的推行及影响

据2016年《美国体育状况》报告，截至2015年，几乎所有的州（94.1%)都已经建立基于国家体育标准的州体育标准，而2001年这一比例为76.5%。国家和州体育标准的推行，给美国学校体育带来了积极影响。现以纽约州为例。体育课程在四个方面发生了积极变化：

（1）课程内容多样化，重视与健康相关内容的选择。由于国家和州标准强调健康，所以，与健康有关的内容的重要性得到凸显。如舞蹈、瑜伽受到学校的重视。另外，个人项目广泛进入体育教学内容，以平衡传统的集体性竞技项目，如滚轴溜冰、山地自行车、有氧搏击、自我防卫、独木舟等。

（2）管理者和教师的责任感增强。标准的实施已经改变了教师和管理者从事的日常工作。由于强调标准和教学评估，管理者变成了体育改革的真正倡导者，而体育教师则依据课程标准投身到体育课程的设计、教学实施和评价过程中，职业责任感明显增强。"标准有助于我们思考如何用最好的手段达到目标，并迫使我们寻找更多可能性。"由此，运动教育、健康体能教学、社会责任感和健身教育等课程模式开始受到越来越多体育教师的关注和应用。

（3）大学教师教育计划与中学体育课程改革接轨。这主要体现在，国家和州标准与大学本科课程和单元计划的内容、教学实践和评估紧密结合。据一位大学体育教育主任所言："他们找的教师要能用国家和州标准的水平来解释他的教学方法……能和家长、学生、监督人（校长）等交谈……因此，他们能解释自己在教什么和为什么教，以及如何进行评估等。这很重要，因为它是我们作为体育人的理由。"

（4）专业组织会员增加。纽约州健康体育休闲和舞蹈协会在州体育标准的制定和实施过程中做出了重要贡献，反过来，标准的推行也对该组织产生了积极影响。

（二）高中毕业体育学分要求

2001年美国有74.5%的州表示，他们有高中毕业体育学分要求，其余的州则缺乏数据。2015年只有3个州数据缺失，在有数据报道的州中有88.2%有体育学分要求，19.6%的州没有指出具体要求。因而，只有68.63%的州有可比较的数据，在2001年和2015年分别为1.4个和1.14个学分。事实上，这两年间的中位数都一样为1个学分，即美国高中学生一般要求上一学年的体育课。

（三）班级规模

2001—2015年中小学班级规模大致相同，只有20%的州对班级规模有规定，而且，班级规模变化不明显。学生体育委员会（1992）指出"体育课的班级规模与其他室内课学生人数相同是合适的（如每班25个学生）。把两个或两个以上的班级放在一起，由一个正编教师和一个或几个助教进行授课是不适宜的"。一些研究表明，体育班级规模超出最佳班级人数限制了体育素质教育的实施。加利福尼亚州的大多数参与者（86.5%）报告的授课班级每班人数超过40人。另外，在阿拉巴马州体育班级规模达到了75名学生。更重要的是，教师们认为大班额是素质教育计划实施的障碍。

班级规模与学生在体育课中的学习效果呈负相关，与花在班级管理上的时间呈正相关。不幸的是，对于体育教师来说缩减班级规模是一项长期的工作。许多人在班级规模不可能改变的事实面前似乎已经放弃了。调查结果显示，只有10个州限制体育班级规模和师生比例，这为改变班级规模的难度提供了实证性的证据。另外，采取强制限制的州，班级规模在全部教育水平上（即小学、初中和高中）没有明显的改变，并且这些州的平均班级人数没有文献报告中那么大。班级人数的平均值都低于40人，这与McKenzie等人的研究报告中的规模一致。班级规模报道的失实可能误导加强体育项目的努力方向。随着只有报道中的10个州对班级人数的限制，或许会更加努力去鼓励各州强制限制班级规模。

（四）州体能测试要求

大多数州没有州授权的体能测试，事实上要求体能测试的州的数量在过去若干年间不断下降。2001年有15.8%的州授权测试，而2015年下降到7.8%。有意思的是2001年有9.8%州要求使用总统挑战，而2015年没有一个州进行该项测试。尽管2015年数据表明，有4个州取消了对授权青少年体能测试的要求，差异不具有统计学意义。

关于国家要求的健康测试问题已经引起了争议。在以学校为基础的体育计划中健康测试的优点已经被质疑。一方面，全国适用的青少年健康测试的开发人员强烈反对在学校中强制进行健康测试，因为他们认为教师不应该对学生在健康测试中的表现负责。此外，他们还建议健康测试不应该在学校实施。然而，某些州强制执行健康测试，对其表示了强烈的认可。来自于政策和行政观点的青少年健康测试的强制执行与来自于研究视角的批评之间的矛盾可能会破坏健康测试的作用。考虑到这些矛盾的观点，对于青少年健康测试的考虑是不成熟的。因此，讨论国家健康测试要求要以事实为根据。2015年强制执行健康测试的州比2001年少了4个。然而，这一改变并不重要。在那些要求进行健康测试的州中没有显著差异，而且要求健康测试的州的比例依然很低（即9.8%）。有趣的是，在2001年9.8%的州强制执行"总统挑战"（一种发展体能的计划）将其作为该州的健康测试，然而在2015年没有一个州选择测试。虽然变化不明显，但是与2001年相比，2015年更多的州使用了体能计划。目前尚不清楚，为什么在2015年，总统挑战没有作为常用的强制健康测试被各州选用。新的总统挑战包括体能测试、健康体能测试和体育活动计划，它为教师面对各种各样的教学需要提供了多种选择。

（五）州体育评价要求

在调查期间，大多数州不要求州范围的体育评价。在2001年和2015年分别有15.7%和29.4%的州要求有体育评价，但是变化不大，不具有显著性差别。

以内容标准为基础的评估是近来另一项教育改革。全国范围的评估为学生学习预先设定的内容标准提供了证据，并且保留了学生和教师的责任。全国范围的评估也有可能通过包括美国国家运动和体育协会和/或各州认为重要的内容来强化课程。当不服从国家强制的内容标准或美国国家运动和体育协会推荐的标准的时候，评估计划可以使其为改变现状而努力。与学校中许多其他的内容范围不同，评估已经成为体育的一个薄弱环节。总之，正如Rink和他的同行们指出，体育教师在任何水平上都没有正式的评估程序和效果。这已经暗示，有效的评估可以影响体育在学校的存在情况，如果完善的评估实践不到位的话，体育计划可能最终会被淘汰。幸运的是，美国国家运动和体育协会通过包括国家形式的评估和健康测试要求以及通过赞助研发与国家课程标准相匹配的评估体系，认识到体育评估的重要性。

从2001年到2015年，各州评估计划的绝对比例成倍增长。然而，Wilcxn的研究显示，变化并不明显。而且，在2015年只有不到三分之一的州采取了评估计划。这种情况使体育在近些年关于教学过程评估的教育改革中远远落后。Wilcxn强烈建议内容标准和评估在体育中应该成为不可分割的整体，它们是加强体育责任感所必需的要素。实际是，三分之二的州仍然没有采用全国范围的体育评估，对于学生学习来说，这反映出体育计划期望值低的传统并且缺乏授课时间进行评估的现实状况。为提高全国范围评估实施的程序问责和与教育改革的其他领域保持同步还需要更多努力。

第二节 德国体育教育改革

一、体育课程改革的背景

统一后的德国学校体育面临许多挑战和困境。一是作为一般义务教育的组成部分，体育教育的目的需要重建；二是自20世纪90年代初期以来，伴随世界范围内学校体育出现危机状况，德国学校体育同样未能幸免，出现了衰落的景况；三是体育学科开始重视健康教育，不仅包括身体方面，而且还包括更为宽泛的个人和社会健康。但是，德国学校体育课程重视健康的这一趋向，更多的是与心理和社会健康方面相联系，而不是对心血管系统的物理影响；四是新兴体育活动的出现，如有氧运动、棒球、滑板运动、溜冰、山地自行车运动等，向传统体育课程内容提出挑战；五是德国体育受到统一政策和重建问题以及后现代趋势的影响。统一后的德国学校以原联邦德国教育思想和教育制度为蓝本进行重建，原民主德国各州学校体育出现自由化现象，体育教学以满足学生兴趣为要旨，教学管理松散化，导致学校体育的地位开始下降。

二、体育课程标准改革的特点

面对统一后出现的种种问题，20世纪90年代初期，德国学校体育迎来了课程标准的改革期。但是各州对此所采取的措施是各不相同的。归纳起来，德国各州课程标准改革可以分为3种类型：（1）革新型（原民主德国各州）；（2）根本型（如黑森州和巴伐利亚州）；（3）继续一贯型（北莱茵—威斯特法伦州）。

尽管课程标准改革有不同的特点，但是也有一些共同之处。

（1）强调体育课的教育性。重新把学校体育的目标与其教育性联系起来并进一步强调。在设定体育教育在健康教育、社会教育、环境教育等方面的目标时，一方面应考虑学校的授课与整个教育职责的关系，另一方面应考虑到它对教育整体的贡献。

（2）内容的开放性。不再拘泥于传统的运动项目，而是提供了诸如运动、游戏活动等更广泛的选择空间。

（3）与主题相结合。强调将目标和内容有意义地结合在一起。因此，如果授课的主题是健康教育，那么以此为理念设置的运动项目便具有意义。

当然并不是说各州这三种倾向的程度都相同。但是至少这些动向都确切地反映在课程标准所提出的目标或内容之中。

三、体育课程目标

由于德国教育的地方自治特点，不同州的课程标准各不相同，体育课程的目标也因此不同。以下是德国一些州的课程标准规定的体育目标，从中我们能够对德国体育课程的目标有所了解。

表 3-3 汉堡州体育课程目标（1994）

学校阶段	体育课程目标
初中阶段	①发展和提高学生的运动行为能力。 ②形成相互关心与帮助的、开放的、非暴力的、公平竞争的氛围，有利于学习的社会性目标的达成。 ③促进并保护公平竞争等精神，有利于完善人格的形成。增进学生的健康，为学生健全的生活打下必要的基础。通过在运动教学中体会到的努力与满足感，学生们能获得一种精神的安宁。提供更多的运动条件，如举办竞技会、建立与俱乐部的联系等方式来丰富学校生活。 ④督促学生们在闲暇生活中或从学校毕业后自己设定目标进行体育活动。

表 3-4 北莱茵—威斯特法伦州体育课程目标

学校阶段	体育课程目标
文理中学高级阶段	①通过运动、游戏和比赛，促进发展，展示运动和游戏文化。 ②通过传统及现代体育文化学习，利用已有的运动、游戏等运动形式，引导学生创造新运动形式，培养学生运动文化的创造力。 ③通过学校运动促进健康教育，社会教育，环境教育及业余教育。

表 3-3、表 3-4 是德国一部分州课程标准中体现的体育目标。由此可以看出体育课程的目标包含两个方面：教育的内容和教育的手段。一个目标是强调作为文化的体育的意义，保证形式的多样性，进行批判性的再创造。另一个目标是强调实现教育目标之手段的体育功能。

前者主要表现在北莱茵—威斯特法伦州的体育课程标准中。体育课程的内容主要是指运动文化，其功能则是促进身心健康和人格形成。具体说，体育对身体体验、表现、冒险、完成、合作、健康等方面有多重意义，同时，体育使人与自身、事物、他人发生联系，并对个人的人格形成大有裨益。

后者，如北莱茵—威斯特法伦州强调与学校教育目标相适应的内容。北莱茵—威斯特法伦州的体育课程标准强调在健康教育、对外国文化的理解、性教育、环境教育、安全教育方面，学校体育可以有所贡献，可以说这种目标观以体育的各种意义为前提，以通过比较培养批判能力为目标，明确反映了体育课程以培养体育行为能力为核心的教育理念。

Balz教授根据北莱茵—威斯特法伦州的教学计划和教育方针，认为学校体育应围绕培养运动行为能力展开，从教育学的观点出发，体育课程目标应包括以下六个方面：

（1）提高感知能力，扩展运动经验。

（2）通过运动自我塑造和展示。

（3）在一定程度上勇于冒险和承担责任。

（4）体验、理解和评价成绩。

（5）相互合作、对抗和谅解。

（6）增进健康意识，促进健康。

四、体育课程内容

课程目标的最终实现取决于具体的课程内容。为保证作为"教育的内容"和"教育的手段"两个目标的实现，不同的州构建了自己的体育学习内容领域。

（一）北莱茵—威斯特法伦州体育课程内容

图3-5是北莱茵—威斯特法伦州新课程标准制定的学校运动学习内容领域。该内容领域由十个方面组成。（1）和（2）是作为跨运动范畴的运动领域，运动对促进健康有重要意义，同时又是学习内容领域（3）~（9）的前提条件。这两个领域的目标可独立确立授课方向，又可纳入内容范畴的学习过程当中。

第三章 国际视野下的体育教育专业教学实践改革

表 3-5 北莱茵—威斯特法伦州新课程标准下的学校运动内容

（1）感知身体、培养运动能力
（2）发现游戏，充分利用游戏空间
（3）跑、跳、投田径运动
（4）水中运动——游泳
（5）利用器械运动——器械体操
（6）创造、跳舞、再现——体操/舞蹈、技巧
（7）在规则允许范围内进行游戏——球类运动
（8）乘滑板、交通工具运动、旋律——滑旱冰、滑艇、滑雪、滑冰
（9）摔跤和格斗——与人运动
（10）获得知识，理解运动

内容领域(3)~(9)由两部分构成。第一，以跑、跳、投为例，有明确要求的运动目标、动作要领、体验内容、社会意义及环境条件，与其他项目有明显区别，破折号右边是体育领域中所处的运动领域和运动项目。这种表示方法，一方面谋求学校体育与校外普及的运动项目的联系；另一方面却常常超越其界限，强调教学的必要性。将内容范畴体系化时重复是难以避免的，然而如果在教学计划范围内加以有效运用，还是利大于弊的。

内容领域（10）明确了在学校运动活动中应获得的重要知识和洞察力。它与内容领域（3）~（9）有密切联系，旨在保证学生能顺利进行体育运动，并且是所有教育学及跨学科的体育教育任务的基础，因此，对培养求实态度及树立正确价值观具有很大意义。

北莱茵—威斯特法伦州的体育课程内容构建不仅注重运动项目基础内容领域的制定，更强调与教育目标、体育教育学和教育学意义相关的教育理念，这是该州体育学科内容领域的显著特征。

（二）巴伐利亚州体育课程内容

表 3-6 是巴伐利亚州体育课程的内容，从表中可以看出，在基础课程中，学生在学会基本的运动能力和技能的同时，也能掌握健康、公平/合作和适应环境等在学习中必备的各种基本能力。7 年级以后采取选修形式，着重发展并加深每个运动项目和

运动领域所要求的行为能力。可以选修的内容包含二十八种运动项目，每年可从中选择一种进行学习。另外，在基础课和发展中的基础课中，四种学习领域的目标和内容根据不同学年以范例形式示范各学年须完成的运动项目。与此相比，选修课可采取与之相反的方法，也就是表现每个项目的特点，与学年无关，每个运动项目都要表现对健康教育、合作教育、适应环境教育、体育教育所做的贡献。若具备特定条件，还可向教育部申请增加运动项目，如高尔夫、冰球、岩壁攀登等体育项目已在巴伐利亚州的学校中开展起来。

表 3-6 巴伐利亚州新课程标准中体育课程可能设置的运动内容

课程名称	学年	周课时	有设置可能的项目、领域
基础课	5、6、7~11	2	健康、公平/合作、环境；完成目标/组织/游戏；体操/舞蹈、田径、游泳、球类运动、器械体操。
发展中的基础课	5、6	2	健康、公平/合作、环境；完成目标/组织/游戏；体操/舞蹈、田径、游泳、球类运动、器械体操。
选修课	7~11	2	高山滑雪、手球、划艇、羽毛球、曲棍球、游戏、篮球、柔道、快艇、护身术、冰球、田径、越野滑雪、冰上舞蹈、速滑、网球、健身操、排球等。
基础课程	12~13	2	小组A（器械体操、田径运动、游泳、体操和舞蹈）；小组B（篮球、足球、手球、排球）；小组C（羽毛球、网球、兵乓球、划艇）；此外还有高山滑雪、柔道、冰球、健身操等选修项目。
重点课	12~13	6	小组A（器械体操、田径运动、游泳、体操和舞蹈）；小组B（篮球、足球、手球、排球）；小组C（羽毛球、网球、乒乓球、划艇）。

（三）汉堡市体育课程内容

表 3-7 给出了汉堡市小学体育课程的内容。从内容看，虽然只宏观地给出了运动领域，而没有描绘具体活动内容，但它却明显地表达了超越运动项目主义和体育学科的跨学科教育思想。一方面，将体育课程内容与环境教育相结合，突显了体育的教育意义。另一方面，结合中等阶段体育课程内容来看，汉堡市在初级教育阶段指定的超

近代运动项目的内容，随着学段的上升，必修课和选修课的内容重点转移到运动项目和科学性强的内容上。

表 3-7 汉堡市初等阶段体育课程内容

运动领域		与环境的关系
1. 身体	无器械运动	个人环境
2. 游戏	游戏中运动	社会环境
3. 器械	利用器械运动	物质环境
4. 音乐	音乐伴奏下运动	媒介环境
5. 水	水中运动	媒介环境
6. 滑雪练习场	在滑雪练习场活动	空间环境

五、体育课授课时数

民主德国、联邦德国统一之后，各州都对体育课程标准进行了修订，在体育课时数方面也有明确规定。尽管各州体育课程标准规定的体育课时数不尽相同，但大都在1小时。即使是同一个州，不同学习阶段体育课时数也不一样，90年代后期，体育课授课时数减少的现象非常明显，体育课时间减少2/3而且许多州都不能确保每周2小时的授课时数。比如，在北莱茵—威斯特法伦州，有三分之一的学生说，他们没有达到体育课程标准中规定的每周3小时的体育教学时间。北莱茵—威斯特法伦州的体育课程改革很有影响力，但是，在课程时数的增加上并没有取得成功。在勃兰登堡州，中学一年级和二年级的学生接受了比北莱茵—威斯特法伦州同龄人更多的体育课时，两州平均时间比值是2.7小时/周：2.1小时/周。

第三节 新西兰体育教育改革

一、新西兰体育课程的改革历程

（一）教育改革的背景

1984年由工人党执政的新西兰政府发起了第三次教育改革，这次改革给新西兰教育带来了长期而持续的影响。当时的政府提出，教育体系的改组要遵循市场经济的规律，其特点是以教育的责任性、财政紧缩以及以市场经济和国际竞争的需求为导向。

1984年以后，受提高经济生产效率社会思潮的影响，新西兰教育当局提出："假如我们的国家要在当今和未来的世界经济竞争中健康良性地发展，我们必须调整教育体系来应对这些挑战。"

在这场改革中，尽管新西兰教育部指出，课程中各个学科应有平等的地位、均等的时间以及资源分配，但是教育部部长在1995年发表了一篇文章，指出："《新西兰课程纲要》不是保证任何一个基本的学习领域应拥有多少时间，而是取决于由法定监护人、校长和教员之间的协商来决定他们学校应该有一个什么样的课程平衡，学校应根据具体的情况来判断应提供什么样的平衡课程。"

这种由学校有部分权力制定决策的观念明显导致学科之间出现课程优先的竞争。于是，有人提出质疑，体育课程在自由主义进步论的课程中处于边缘地位的现象是否在今后还会继续出现。像许多其他国家一样，新西兰的教育重视发展认知和智力的学科，不重视以实用性、职业性为导向的学科。这种思想的出现归因于西方文化中理性主义的偏见，继承了将身心统一激进地分离开的传统。

（二）体育课程改革

尽管新西兰体育课程受到上述思想偏见的影响，但是，在过去的三十多年中也经历了巨大的改革。1987年国家体育课程纲要规定，在小学阶段每天都应有体育。1993年《新西兰课程纲要》确定了七个重要的学习领域，其中并不包括体育，但是，健康则成为其中的一个学习领域。体育仅被作为诸学习领域中的一个研究对象。这在新西兰中小学的体育教师中产生了巨大反响，他们认为这样的解释威胁到了体育学科的完整性，只依据健康来重新定义体育学科的领域，将忽视身体活动的内在价值，诸如身体活动中的满足感、娱乐、意志、美感的享受、竞争、消遣和趣味性。此外，人们认为试图重新定义体育学科的这种方式威胁到体育学科在心理感知、生理、认知和情感方面的价值，也威胁到了体育作为一种有效的学习环境和媒介，促进人与人之间交往能力的作用。这些意见使得教育部和新西兰学历认证局（New Zealand Qualification Authority，NZQA)不得不承认以上所提到的体育课程具有的价值和作用，这强化了体育教师对本学科作为学习领域的进一步认识。随后体育教师通过对教育部门的游说和协商，保留了体育学习领域，但是在课程领域里还是被命名为健康与体育课程。

在过去三十余年里，新西兰人对健康概念的认识已有了显著的变化，从仅仅认为健康是没有疾病发展至更加全面的健康维度。20世纪50年代到60年代期间，人们认为行为表现、体能、服用药物是促进健康的主要因素。20世纪70年代至80年代，健康教育的主要观点是以通过药物的手段来治疗疾病，但缺乏对学生进行如何维护健康的知识教育。到了20世纪90年代人们对于well-being的概念有了更广泛的认识，并且认为健康和体育是一个相互联系的整体。健康所包括的范围不仅是身体健康而且包括智力和情绪健康、社会交往健康及精神健康。同时也认为他人、生活的社会环境及生态环境都对人们的健康产生影响。显然这种观念的形成也是新课程标准的核心理念。1990年新西兰教育部开始实施对各个学科的课程改革。1992年新西兰教育部发布了《新西兰课程框架》草案。在该草案中，课程被分为6个"核心学习领域"。最为明显的是体育没有成为6个核心领域之一。在强烈的呼吁下，"健康和幸福"（health and well-being）被确定为第七个核心学习领域。值得注意的是，"体育"一词没有用在学习领域的名称中，而是作为"健康和幸福"的一个从属领域出现。

1993年新西兰的课程纲要将健康和体育合并到一个学习领域。两个学科学习领域的合并，反映了当时人们对体育学科学习过程的理解从单纯的机能主义观念中解放出来，促进了人们对体育学科中潜在的社会文化功能的认识，进而使人们对体育在社会环境中所处的地位有了更好的理解。同时也表明人们正在寻求途径来鼓励健康教育者和体育教师运用不同的学习媒介和教学环境来达到类似的目标，并且每个学科的独特性和完整性都得到了保留。

1994年新西兰教育部针对健康学习领域成立了一个政策顾问小组。基于该小组对新课程编写的一些批评和建议，教育部长决定将课程命名为健康和体育，由此，"体育"取代"幸福"成为该核心课程名称的一部分。该课程的两位主编则是来自健康学科的GillianTasker和体育学科的Pauline Dickinsn。

1996年完成健康与体育课程标准的草案。

1999年2月教育部颁布了健康与体育课程：新西兰课程——健康与体育。该课程彻底取代了1980年颁布的健康教育、体育和家政学等课程。经过两年时间的推广，中小学于2001年开始普遍实行健康与体育课程标准，并在健康教育和体育教学中以新课程标准为依据。

二、1999年新西兰《健康与体育》课程标准

（一）健康与体育课程结构纲要

新西兰于1999年颁布的中小学《健康与体育》课程标准的核心理念是将健康和

体育作为基本的学习领域。该课程合并了健康教育、体育和家政学三门课程。通过对这门课程的学习，学生将从中获取知识、技能、态度、价值观和健康的生活方式，这有助于自己、他人、整个社会的健康和幸福，学生在提高运动技能的同时，也与其他人建立了友好的关系，从而促进了健康的社会团体的形成。四个综合的课程目标为健康教育和体育的学习规定了方向。健康、健康促进、社会生态观、态度和价值观四个核心概念构成课程的支柱。七个关键的学习领域反映了新西兰学生当前健康教育和体育的需求。

1. 四个基本概念

四个基本概念构建新西兰健康与体育课程的学习框架，它们是：

（1）健康：身体健康、心理健康、精神健康等。

（2）健康促进：指有助于在教室、学校、社区和社会中形成积极的身体和情绪环境的过程。健康促进过程要求学校和社区中所有成员的参与和合作，如学生、教职工、父母和其他社区成员等，并鼓励学生对自己的健康以及社区和环境的健康氛围做出积极的贡献。

（3）社会生态观：是指人们只有清楚地了解影响健康和幸福的社会因素和环境因素，才能有效地参与健康促进的过程。通过对社会生态观的学习体验，学生能解除健康的障碍，创设促进自己、他人和社会健康的条件，并最终更好地理解个体之间为何存在差异。

（4）态度和价值观：

①对自己的身体、心理和情绪、社会和精神等方面的健康形成积极的、负责任的态度；评价自己和他人；坚定的信念；更加诚实、无私奉献、不屈不挠和英勇。

②尊重他人的权力；承认能力差异；接受不同观点；宽容和胸襟开阔。

③学会关心所在社区和环境中的其他成员；交往与合作；关心和同情；积极的挑战和竞争；主动参与。

④形成社会公德意识：公平；包容与一视同仁。

2. 基本技能

健康与体育课程对新西兰整个课程框架中指出的基本技能有着显著的促进作用。这些技能包括：

（1）身体技能。

（2）自我管理和竞争技能。

（3）沟通技能。

（4）问题解决技能。

（5）社交和合作技能。

（6）信息获取技能、思维能力、操作和学习能力。

（二）《健康与体育》课程标准的实施情况

2001年新西兰教育部门宣布中小学必须强制性执行《健康与体育》课程标准。在新课程标准颁布之后，从1999年2月1日到2000年12月6日间，新西兰教育审查办公室（The Education Review Office，ERO）就新课程标准执行的情况，对405所中小学进行了调查。该调查的结果如下：

（1）仅有一半的中小学重视执行《健康与体育》课程标准。

（2）仅有四分之一的学校对课程标准的执行有所进展。

（3）百分之十五的学校还不能在2001年立刻执行课程标准。

调查表明，新西兰中小学执行新课程标准的情况并不理想，要进一步执行好标准，需要做以下几方面工作：

（1）对课程的目的和内容形成清晰的理解。

（2）在执行新课程标准的同时，认真反思过去的健康、体育大纲。

（3）为执行新的课程设计和执行新的或调整学校安排；

（4）根据1964年《教育法》第105条C款，对家长如何看待健康大纲进行咨询。

（5）确保学校有教学资源来执行课程，为新课程做准备，并进行试验。

（三）《健康与体育》课程标准实施的关键问题

新西兰的健康与体育课程改革是围绕对健康的认识和体育课程在各学科中的地位变化进行的，并且该课程是通过将健康教育、体育和家政学三门独立的学科合并而成的一门学科，显然，新课程标准颁布后的具体实施必然会遇到一些问题。这些问题能否解决，主要看以下几个关键方面：

（1）课程标准能否成功实施依赖于学校的内部政策、实践和计划之间的一致性。

（2）《健康与体育》课程标准在中小学的实施要体现出连贯性。

(3)《健康与体育》课程标准应该设计多种方式来鼓励教师制订教学计划、教学顺序等。

(4)课程必须适用于各种学习环境，教师可以依据不同的教学情景灵活地制订满足学生需求的课堂计划；

(5)标准应该反映心理健康的重要性。

(6)新课程标准的执行，需要培养三个专业领域都精通的教师队伍，并适当增加教师工作量。

(7)提供相应的教学资源。

(8)对教师的教学实践引起的实质性变化，要有可操作的评价手段。

三、2007年新西兰健康与体育课程改革

2007年11月，新西兰教育部发起了新一轮课程改革，旨在确保"所有新西兰青年能够掌握他们成为21世纪成功的公民所需要的知识、能力和价值观"。新课程标准是在1999年课程标准的基础上修订而成的，对新西兰所有以英语为主要教学媒介的学校的教学，提供了官方的政策说明。新课程标准将过去7个独立存在的学习领域的课程描述融为一体，形成一个整体文件。这种变化虽然细微却很重要，因为它强化了所有学习领域的重要性，包括体育在内。作为一个具体的学习领域，健康与体育"强调在健康相关环境和动作环境中学习，促进学生自身、他人和社会的健康"。

（一）2007年健康与体育课程的变化

通过对三个不同年份出台的课程改革文件的分析，我们可以看到，1987年的健康与体育课程在内容呈现上因为活动领域明确而使得内容非常具体。而且，新西兰的传统体育活动特里奥古力[a]作为一个领域独立存在，显示了新西兰教育对传统体育文化的重视。1999年和2007年的课程核心学习领域则取消了特里奥古力的内容，而且较少使用描述性概念，课程强调结果而不是内容。与1987年的体育大纲相比，后来的两个课程文件在课程知识的概念化上采取了不同的方法。1999年的课程弱化了内容之间的界限，2007年的课程也通过成就目标的修订进一步弱化了内容界限。由表3-8可见，2007年的课程和1999年的课程相比没有太大变化，两者都使具体领域内容之间的界限模糊化，没有严格的界限区分，以显示这一领域是一个关注个人、社会和环境健康的整体。

---

a 特里奥古力（Te reo Kori）：新西兰原住民毛利人的一种游戏活动。

表 3-8 新西兰 1987、1999 和 2007 年健康与体育课程文件的比较

	1987 年	1999 年	2007 年
主要目的	发展所有学生的身体技能，增进健康，促进生长发育	学生将发展知识、技能、态度和动机，以做出明智的决定，贡献于个人、社会和他人的健康，并作为整体的社会福祉	在健康相关的环境和动作环境中学习，促进学生自身、他人和社会的健康
课程选择和组织的主要原则	主要计划内容、身体的生长和发育、动作技能和发展、个人和社会发展	基本概念、健康、健康促进、社会环境观、态度和价值观	基本概念、健康、健康促进、社会环境观、态度和价值观
主要类型	活动领域、水上运动、田径、球类运动、体能、体操、动作和舞蹈、特里奥古力	核心学习领域、精神健康、性教育、食物和营养、身体关照和身体安全、运动学习、户外教育、身体活动	核心学习领域、精神健康、性教育、食物和营养、身体关照和身体安全、运动学习、户外教育、身体活动

不过，与过去的课程相比，2007 年的课程体现出强烈的社会批判取向，采取了社会批判人文主义视角。本质上讲，新课程寻求纠正过于强调动作科学化和突出个人主义的做法，而这些构成了之前国家课程说明的哲学基础。作为这一调整的结果，社会批判的观点在新课程中得到提倡。从体育的科学技术统治论转向更具社会批判的视角，体现在 4 个相互依赖的基本概念的阐述上，这四个概念是：

（1）Hauora：毛利人的健康哲学，包括"精神的""心理和情感的""身体的"和"社会的"四方面，它们相互影响，相互支持。

（2）态度和价值观：站在学生的角度，对他们自己的健康持有积极、负责任的态度；尊重、关心他人和环境；具有社会正义感。

（3）社会环境观：看待和理解存在于个人、他人和社会之间的相互关系。

（4）健康促进：帮助培养和维持支持性的身体和情感环境，使学生采取个人和集体行动的过程。

（二）新西兰健康与体育课程的结构特征

上述四个概念连同新西兰健康与体育中的 7 个关键学习领域一起，为该课程计划的发展提供了基本的概念框架。7 个领域是心理健康、性教育、食物和营养、身体养护、体育活动、运动学习和户外运动。新西兰健康和体育课程的结构具有以下四个特征。

第一，新西兰健康与体育课程明显汲取了 Arnold 的在动作中和通过动作进行动作学习的思想。Arnold 认为，生命体是人的集中体现，人的生活方式、对世界的感知以

及动作的能力，使得个体能够认识到自己的存在，从而探索个人的本质。基于这一观点，健康和体育课程把动作看作是丰富而有生命力的意义生成的机制，进而对人的发展做出贡献。

第二，健康与体育课程强调批判意识。通过提倡批判教育学，体育可以得到更好的促进，学生能够明白："体育活动的更加丰富的意义，深思熟虑的练习的重要性，人们如何使用、塑造和看待他们的身体，运动怎样影响和再造权利关系，怎样赋予社会统治阶层以特权的。"

第三，突出了将健康中的身体、社会、心理、情感和精神五方面的关系有机结合的重要性。

第四，健康与体育课程的最后一个概念化集中体现在整体论思想上，这是过去的课程文件中所不曾有过的。该思想的核心观点是，在所有运动文化的形式中，动作不是与其所在的更加宽泛的社会、政治、经济、道德和文化环境等因素疏离和隔绝的，而是相互依存的。正如 Culpan 和 Bruce 所言："这种关系会影响人们对体育活动的意义和实践的看法，影响他们怎样练习、运用、塑造和看待自己的身体。这种关系也阐明了运动中显而易见的竞争利益和运动怎样影响和再生权利关系，在个人和社会层面是怎样赋予个体和社会统治阶层以特权的。"针对上述四个概念，新西兰健康与体育课程给出了这样的说明："学生将逐渐理解与运动有关的态度、信念和社会、经济、环境的影响因素。他们将批判性地从学校和社会整体上审视运动。"

（三）新西兰健康和体育课程的教学模式

随着新西兰教育观念的转向，体育教学正从科学技术化的再生产模式转向更加以学生为中心、更富有生产性、更加自由和具有批判性的体育模式。这些模式包括：Mostton Ashworth 的教学模式序列；以游戏为基础的模式，如游戏—教授—游戏；领会教学课程模式；战术比赛模式；竞赛感培养模式和西登托普的运动教育模式等。所有这些模式都与学生中心和建构主义教育学联系在一起，允许批判教育学的引入。

第四节 中国体育教育的发展与改革

我国现代意义上的学校体育课程始于清朝末年至民国初年,在经过学习德国、日本学校体育,引进西方近代体育运动,进而吸收美国"自然体育"的基础上,逐步形成了较为正规、系统的中小学体育学科课程。中华人民共和国的成立揭开了现代中国学校体育发展的新篇章。新中国成立后,通过改造旧中国学校体育课程,在学习借鉴老解放区和苏联学校体育课程模式基础上,经过 50 多年的努力和探索,至 20 世纪末,基本上建立了具有中国特色的中小学体育课程体系。随着新世纪新一轮体育课程改革的到来,我们又迎来全新的课程改革大潮。面对全新的理念及课程模式,我们究竟应如何进行体育课程教学改革,以适应当代中国发展及其教育改革的整体需要,无疑是当前面临的重大课题。回顾历史,总结经验;通观现状,确认成就;反思问题,展望未来,可以为我国体育课程的改革发展提供有益的借鉴。

一、以苏联体育课程模式为基础的时期

(一)学习苏联模式时期(1949—1956 年)

新中国成立后,教育部于 1950 年制定了《小学体育课程暂行标准(草案)》(以下简称《标准》)。该《标准》把小学体育课程教学的目标定位在培养儿童健康智能、健美体格,打好体力基础,培养运动兴趣和习惯,培养公德和活泼、敏捷、勇敢等品质,加强爱国主义思想和集体主义精神等方面,较为全面地体现了小学体育教学的基本目标和小学生身心特点,具有一定的基础性、实用性。该《标准》规定的教材主要包括整队和步伐、体操、舞蹈、游戏、技巧运动、球类运动、田径。其内容具有一定的选择性和多样性,提倡小足球、小皮球、低网排球以及踢毽子、跳皮筋、扭秧歌等民间运动素材,注意教材内容与教学目标的衔接,并体现小学生的年龄特征及小学的实际条件。但当时由于强调向苏联学习,这一《标准》并未得到完全实施。

1953 年,教育部翻译了苏联十年制体育教学大纲,组织东北、京、津、沪等城市的体育教师学习。其后在学习苏联体育教育理论的基础上,以苏联中小学体育教学大

纲为"蓝本"，于 1956 年编订了第一套全国通用的中小学体育教学大纲。该大纲明确指出，小学体育的目的是"促进少年儿童成为全面发展的新人，为将来参加建设社会主义社会和保卫祖国做好准备"，中学体育的目的是"培养学生成为全面发展的社会主义建设者和保卫者"。这两个大纲均提出了五项任务，主要包括锻炼身体，增进健康，促进生长发育，传授知识、技能，培养体育锻炼和卫生习惯，进行爱国主义、集体主义等思想、品德的培养等。小学大纲教材包括基本教材和补充教材，分为基本体操和游戏两大类。基本体操包括队列练习，体操队形练习的基本动作，一般发展和准备练习，走、跑、跳、投和攀登、爬越、平衡等；游戏按活动量的大、中、小分类编排。中学大纲基本教材按体操、田径、游戏三大项排列，教材以发展学生身体基本活动能力为中心进行选择和编排，确立了以发展学生身体基本活动能力为中心的教材分类体系。将体育教材按一般发展和准备练习、悬垂支撑（包括单杠、双杠和其他带有悬垂支撑的典型动作）、攀登爬越、平衡、技巧（即垫上运动）、搬运、投掷进行运动项目分类。为改变当时只注重运动技术教授、忽略发展学生身体素质和教材单调枯燥等现状，大纲将技术性较强或可达到锻炼身体效果的主要内容作为主教材，同时还编选了辅助性或过渡性教材，以作为主教材的辅助教法手段。

这一阶段，在最初改造旧中国学校体育课程时，对以"自然体育"为指导的旧中国体育课程的合理成分进行吸收和继承；而其后向苏联体育课程的学习及其统编中小学大纲的颁布，在改变只教运动技术而忽视发展学生身体素质、克服教师会什么就教什么、"放羊式"教学，以及规范体育教学等方面都收到了良好的效果。但同时也存在着完全否定了旧中国体育课程发展成果，没有很好吸收美国"自然体育"合理成分，不顾国情而完全照搬苏联中小学体育课程的弊端和问题。

（二）确立增强体质指导思想时期（1957—1966 年）

20 世纪 50 年代末，在"大跃进"背景下开始的教育大革命，对中小学体育课程教学产生了消极的影响。当时普及"四红""双红"的运动和"以劳动代替体育""以军训代替体育"的倾向使正常的体育课程教学受到了严重干扰，从而使体育课程的建设和发展遭受了挫折。

20 世纪 60 年代后，学校体育工作又走上了正轨。1961 年修订的中小学体育教学大纲和体育教材明确提出：体育学科的指导思想在于"增强学生体质"，体育教材的选择与安排"首先要从增强学生体质、增进学生健康出发"。同时,为体现民族特点,重新将武术列为正式教材;增加了体育基础知识和卫生保健知识;规定了通用教材和选用教材,以体现理论与实践结合、统一性和灵活性结合的特点。

这一阶段,虽然经历了一定的曲折发展,但在体育课程的指导思想、教材内容和探索中国特色的中小学体育课程体系建设等方面都有可喜的进步,并初步奠定了我国中小学体育课程教材体系。由于当时的种种局限(如缺乏对外交流和多重参照,发展经验的有限性等),苏联的"准备性体育"思想及其课程模式依然占主导地位。

(三)拨乱反正、恢复调整时期(1976—1986年)

1966年"文革"的爆发及其开展,使新中国成立17年以来开创的学校体育发展的良好局面及中小学体育课程建设的成果几乎丧失殆尽。虽然"文革"后期"军体"课程有所恢复,但就十年"文革"而言,体育课程教学基本上处于混乱、停滞状态。1976年10月,长达十年的"文革"结束,中国学校体育发展重入正轨,开始进入拨乱反正的恢复调整时期。1978年,通过对"文革"的错误做法的批判,在总结以往体育课程及教材体系经验和教训的基础上,国家重新制定颁布了《全日制十年制中小学体育教学大纲》,对我国体育课程教学的内容、编排体系等方面做了新的调整。

这套大纲,力图清除"文革"的影响,在体育课程教学的指导上起到拨乱反正的作用。该大纲重申中小学体育要"以有利于增强学生体质为准则",确立了"全面锻炼学生身体,增强学生体质""掌握体育基础知识、基本技术和基本技能"和"向学生进行思想教育"3方面的体育教学基本任务,强调中小学体育的主要任务是增强学生体质,体育课程教学要"收到增强体质的实效",对那些"发展身体素质有效的教材,要争取课课练,使之有适当的密度和运动量"。因此在安排教材时,应以锻炼效果好,又方便教学的运动素材为重点教材;对简单易行、发展身体素质有效的教材要争取"课课练"。在教材的建构和编排上采用以发展人体基本活动能力为主,兼顾运动项目的分类方法。其教材具体内容分为基本教材和选用教材两大类。小学的基本教材包括:体育基本知识、走和跑、跳跃、投掷、队列和体操队形、基本体操、技巧、支撑跳跃、低单杠、游戏、武术共5类;选用教材包括:小篮球、小排球、小足球、乒乓球、游泳、民间体育、室内游戏等。中学基本教材包括体育基本知识,跑、跳跃、投掷,队列,基本体操、技巧、支撑跳跃、单杠、双杠,球类,武术5类;选用教材包括技巧、支撑跳跃、单杠、双杠、排球、足球、乒乓球、手球、游戏、游泳、速度滑冰、民间体育、武术等。另外，还增加了"卫生保健知识"的内容，其基础理论知识的教材内容所占比重较之 20 世纪 60 年代有所加大。

大纲还首次详细地规定了体育课考核项目和标准，要求建立体育课考核制度。为了适应不同地区的实际情况和条件，还特别指出，各地可以参照大纲中规定的项目标准，制定出本地区的考核项目和标准。在对体育课程学习的考核要求上较之 20 世纪 60 年代的大纲而言，更加详细具体和有一定的统一性。虽然，这一时期的体育课程在设计上力图"打破以运动竞赛为中心的编排体系"，但在教材分类上依然沿用了按运动项目进行分类的方法，较之 20 世纪 60 年代的大纲并无本质变化。但该大纲的颁行，纠正了"以劳代体"和"以军代体"的错误理论与做法，继承了 20 世纪 60 年代我国体育课程建设的成功经验，在促进正常体育教学秩序的恢复方面起到了积极的作用；"增强学生体质"的体育课程指导思想的进一步明确，身体素质"课课练"和"循环练习"在体育教学中的流行，也有益于促进学生体质的增强和健康的增进。这一时期，体育教学思想也开始活跃，人们对大纲确立的"从增强学生体质出发"的体育课程思想也开始进行思考，并对体育课程教学如何正确处理增强体质与掌握体育知识、技术、技能的关系等问题进行了探讨，触及了体育课程教学发展建设中的一些基本理论问题，如体育课程的教学目的、在课程教学中如何正确对待竞技运动素材等问题。然而，对增强体质的过分强调，难免陷入"体育即育体"的狭窄思路，不利于学校体育的多方面功能（如心理和社会功能）的开拓，也缺乏对学生兴趣、爱好的关注。

二、探索兼容并包的中国体育课程模式时期（1986—2000 年）

（一）改革开放前期（1986—1990 年）

进入 20 世纪 80 年代后，随着我国改革开放国策的实施，我国教育开始广泛学习和借鉴外国教育理论和思想，力图突破苏联教育模式的束缚。这一时期随着"体育教学任务应以什么为主"的问题讨论的深入和"快乐体育""保健体育""终身体育"等国外体育思想的引进，以及体育教学改革的不断活跃，国家教委根据我国社会发展的新特点，在广泛吸取国内各地教学改革经验和借鉴国外有关体育课程改革成果的基础上，于 1987 年颁发了全日制中小学体育教学大纲，对体育课程的目标及其内容做了

第三章 国际视野下的体育教育专业教学实践改革

相应的调整与改革。

首先，1987年的大纲明确地确立了"一个目的，三项基本任务"的课程总目标，即"培养德、智、体全面发展的社会主义建设者和保卫者"的目的和"全面锻炼学生身体，增强学生体质；使学生掌握体育基础知识、基本技术和基本技能；向学生进行思想品德教育"的三项基本任务。并在"三项基本任务"的具体内涵上，充实了新的内容和要求。如在第一项任务中，提出"培养学生正确的身体姿势"（小学），强调"培养健美的体格"（中学）。在第二项任务中增加了"学会锻炼身体、生活的基本实用技能与运动技术和体育娱乐方法"，注意体育与学生生活、学习、娱乐的联系，并对中学生的文化教养提出了更高的要求，"使学生懂得锻炼身体的基本原理和独立进行科学锻炼身体的方法，以适应终身锻炼身体和生活娱乐的需要"。第三项任务中还强调了"发展学生个性""创造精神"及"良好社会公德"的培养。

其次，该大纲在教材的建构上仍然沿用了将运动项目和人体基本活动能力相结合的分类方法；加大了选用教材的比重，规定了教材比重上下浮动的范围，从而使教材较之前更有弹性，加强了教材的灵活性。在内容上增加了舞蹈和韵律体操等娱乐体育的内容，充实了有较高锻炼价值和实用价值的健身教材。

再次，这次新大纲还改革了对学生体育成绩的考核办法，改变了以往只强调达标测验，忽视全面考核的不足。采用包括学习态度（出勤和表现占10%）、理论知识笔试（占20%，小学一、二年级不考）、身体素质和运动能力（占40%）、运动技能和技巧（占30%)4部分在内的所谓结构综合考核方法。大纲对身体素质和运动能力、运动技能和技巧的考核内容规定了相应的考核项目和评分标准，制定了评分表，并规定各省、直辖市、自治区可根据本地实际情况做出相应调整。另外，大纲强调体育课要与课外体育活动相结合，体育要与卫生保健相结合，体育教学要与劳动、军事训练相互配合，要充实和改善体育场地、器材设备等相关条件。明确要求"在认真上好体育课的同时，要积极开展课外体育活动，做好早操（课间操）、眼保健操，组织安排好课外锻炼，有组织有计划地开展小型多样和经常性的体育比赛推动群众性体育活动的开展。对有运动才能的学生，应结合学校具体条件，组织课余训练，提高运动水平。积极提倡徒步远足和旅行，更多地接触社会和大自然，使学生身心受到锻炼"。

（二）改革开放后期（1991—1999年）

20世纪90年代后，随着国内体育教学指导思想更加多元化，为了适应普及九年义务教育和深化体育课程教学改革的需要，国家教委在1990年9月至1992年7月，对九年义务教育（小学和初中）体育教学大纲（初审稿）和实验教材进行了两个学年的实验。在此基础上，于1992年颁发了《九年义务教育全日制小学体育教学大纲》和《九年义务教育全日制中学体育教学大纲》。

该大纲在体育课程目标的建构上沿用了20世纪80年代教学目的和教学任务的基本框架，并对课程目标内容进行了必要的调整，在具体外延上有了进一步的扩展，注意体育与卫生保健教育的结合，将体育与生活、应用和娱乐相联系，明确体育教学的文化传递性和终身体育的联系，并增加了"陶冶美的情操""培养文明行为"等内容，从而使体育课程教学的目标内涵更加丰富。同时，还在中小学体育教学的总目标（目的、任务）下提出了各年级的目标，在各年级的目标下，又根据其教材性质提出了对理论与知识教学和身体锻炼的具体要求，力图建构更加完整、系统的课程教学目标体系。尤其值得一提的是，该大纲在四项教学目标的建构上，明确地将"培养学生对体育的兴趣和自觉性，树立卫生保健意识，养成讲究卫生和经常锻炼身体的习惯"列为第三项目标，在一定程度上突破了以往"一个目的，三项任务"的基本模式。

与上述目标的调整变化相适应，该大纲在教材内容上充实了体育基础理论知识，加强了体育知识与卫生保健知识的有机结合；教学内容日趋丰富和重点化；在传统教材的基础上充实了有较高锻炼价值和实用价值的健身教材内容；在突出教材的民族性特点方面有所加强。在教材的分类上，采取了理论与实践、各项运动与发展身体素质教学内容等相互交叉的综合分类方法。另外，教材内容的选择性扩大，渐趋弹性化。这一时期，在制定九年义务教育中小学体育教学大纲的同时，为了探索不同的体育课程模式，国家教委批准上海市、浙江省根据其经济发展的水平进行体育课程教材改革的全面实验。1991年上海市和浙江省分别制定了九年义务教育《体育和保健课程标准》《体育与保健教学指导纲要》。国家教委在天津、广东等地实验的基础上，也于1992年颁发了《九年义务教育体育与健康教育教学大纲》（供实验用）。这表明我国体育课程教学步入了一个多元化发展时期。这些课程改革的实验，注重体育与卫生保健教育的结合，力求整体地进行体育和卫生保健教育，以便通过体育和健康教育的有机结合而更好地促进学生身心健康发展。

1996年，国家教委颁发了最新编订的《全日制普通高级中学体育教学大纲》（供试验用）。该大纲指导思想更加明确，强调以育人为宗旨，围绕素质教育，充分发挥体育学科在课程整体中的不可替代的教育功能。

在课程目标上明确提出了体育教学目的的三个方面，在体育课程目标的调整上丰富了新的内涵，在以往注重增进健康、增强体质的基础上提出"增进学生身心健康"的目标；强调通过体育基础知识、基本技术的教学活动，提高学生的体育、保健意识和能力，把知识、技术的学习与体育意识和能力的培养相结合；明确地将"为学生终身体育奠定基础"列入了体育教学目标；更加突出现代人对思想品德和心理品质的要求，强调培养学生竞争意识、创新、合作和应变能力，以及自立自强、坚毅勇敢、开拓进取的精神。

在体育课程结构上，新大纲将课程分为学科类课程和活动类课程，明确以学科类课程为主，把学科类课程的内容分为必选、限选和任选三类，加大了课程的弹性和选择性；精选和更新了教学内容，重视健身性和知识性的结合。在体育保健基本理论知识方面充实了运动技术原理、传统养生健身知识、竞技文化、娱乐体育、休闲体育、自我监督和评价、制订运动处方等内容，进一步加大基本理论知识教材比重。在运动实践教材的构建上，为了使教材既有相对的完整性，又有一定的精练性，采取了间隔排列、提炼关键技术组合排列、按动作基本结构及要素排列等方法；同时还加强了对运动原理、运动项目锻炼价值、运动文化等知识的介绍，力图将实践教材的健身性和文化性有机地结合起来。

三、21世纪中国体育课程的改革与发展

20世纪末期，随着世界科学技术的迅猛发展和世界经济全球化时代的到来，国际间综合国力的竞争日趋激烈。国力的强弱越来越取决于劳动者的素质，取决于各类人才的质量和数量。这一切都取决于基础教育的质量，基础教育的改革受到了世界各国的重视。人才竞争不单是智力的竞争，还包括体力、心理等各种非智力因素在内的竞争，而国民健康状况则是竞争成败的重要物质基础。因此，增进健康已成为世界各国人民关注的焦点。由于体育课程具有增进健康、促进体能发展的积极作用，因此，在世纪之交，美国、加拿大、英国、日本等发达国家相继启动了包括体育课程在内的基础教

育改革。

为了应对21世纪发展可能带来的挑战和机遇，培养适应新世纪要求的创新人才，我国于1999年6月颁布了《中共中央国务院关于深化教育改革全面推进素质教育的决定》（以下简称《决定》）。《决定》明确提出："健康体魄是青少年为祖国和人民服务的基本前提""学校教育要贯彻'健康第一'的指导思想，切实加强学校的体育工作……"。同时指出："我们的教育观念、教育体制、教育结构、人才培养模式、教育内容和教学方法相对滞后，影响了青少年的全面发展，不能适应提高国民素质的需要。"因此，必须"调整和改革课程体系、结构、内容，建立新的基础教育课程体系，试行国家课程、地方课程和学校课程。改变课程过分强调学科体系、脱离时代和社会发展及学生实际的状况"。在此背景下，我国新世纪的体育课程改革由此启动。

（一）过渡性大纲的颁行

2000年12月，新修订的《九年义务教育全日制小学体育与健康教学大纲（试用修订版）》《九年义务教育全日制初中体育与健康教学大纲（试用修订版）》《全日制普通高级中学体育与健康教学大纲（试用修订版）》颁布。这三套大纲实际上是后来的《义务教育中小学体育与健康》课程标准和《普通高中体育与健康课程标准》颁布前的过渡性大纲。这套谢幕版的过渡性大纲较之以前的大纲，可谓进行了较大力度的改革。其基本特点主要体现在以下几个方面。

第一，课程名称变更为"体育与健康"。这一称谓的变化虽不是将体育与健康合二为一，但其意图却是为了将体育课程作为一门以身体练习为主要手段、增进学生身心健康为主要目的的必修课程，以使学生更加生动、活泼、主动地得到健康的发展。在课程性质的定位上十分强调体育是全面贯彻教育方针、实施素质教育的重要组成部分，是中小学必修课程中的一门基础课程，而通过体育与健康教学要促进学生身心健康、和谐地发展。

第二，重新构建了体育教学目标体系。大纲虽然沿用了过去"一个目的，三项基本任务"的课程目标表述框架，但在具体内涵和内容上则做了较大的调整。如：改变了过去目的与任务混淆不清、相互重叠的现象；教学目的中突出了促进学生身心全面发展的思想，强调体育与健康教学的目的不仅仅是增强学生体质，而是以"育人为宗旨，与德育、智育和美育相配合，促进身心全面发展"。

第三章 国际视野下的体育教育专业教学实践改革

关于"一个目的"的表述,小学落实到"为培养社会主义建设者和接班人做好准备",初中落实到"为培养社会主义建设者和接班人奠定良好的基础",高中要"为培养祖国的社会主义建设者和接班人服务"。三项教学基本任务中,第一项强调要"促进身心和谐发展",增加充实了"保护学生健康与安全,教育学生热爱生命,关心健康,适应自然和社会环境""提高身心素质和心理承受能力""增强对挫折的承受能力"等新内容。第二项任务改变了过去以教会学生运动技术为中心的做法,强调学习运动技能只是达到身心健康的手段之一,通过体育教学,使学生学会学习,学会自我锻炼、自我评价,达到从"学会"到"会学"的转变,为终身体育奠定基础。具体体现在如小学要求"初步掌握体育的基本技能,会做游戏,会锻炼身体";初中要求"初步学会运用科学的方法锻炼身体……能够初步运用获得的知识技能锻炼身体,进行自我调控,自我检测和自我评价";到了高中则要"学会运用体育等手段增进健康……学会科学地锻炼身体的方法和技能,能够运用已学过的体育与健康知识、技能,自主设计锻炼计划,自我控制、自我检测和自我评价"。第三项,在保留过去"爱国主义、社会主义和集体主义教育"的基础上,增加了"培养健康的心理素质……体育价值观教育"等内容。

不仅如此,大纲还建构了体育与健康教学的目标体系。在义务教育的阶段总体目标一致的前提下,将其目标划分为小学和初中两个阶段的目标,进而再细分为小学低(一、二年级)、中(三、四年级)、高(五、六年级)3个阶段和初中阶段目标。具体如下:

(1)小学一、二年级目标:以养护为主,加强卫生保健和安全教育,以发展大小肌肉群机能的走、跑、跳、投、悬垂、支撑、攀爬、平衡等人体自然活动和游戏为主,促进灵敏、速度、协调等身体素质的发展。通过游戏等身体活动,培养学生对游戏和体育活动的兴趣及活泼、愉快、乐观的情绪。

(2)小学三、四年级目标:锻炼和养护并重。加强卫生保健的教育,教育学生关心自己的健康。在游戏和走、跑、跳、投、悬垂、支撑、攀爬、平衡等人体自然活动的基础上,增加教材的文化性,以运动项目的粗浅动作为内容,加强身体锻炼,促进速度、灵敏性、力量、耐力和柔韧性等身体素质的发展。培养学生体育兴趣和参加体育活动、讲求卫生的习惯,进行热爱祖国和集体荣誉感及文明行为教育,使学生具有活泼、愉快和承受一定挫折的能力。

（3）小学五、六年级目标：以体操、小球类、田径、韵律体操和舞蹈、民族传统体育及发展身体素质的各种练习为主，学习粗浅的运动技术，锻炼身体，增进健康，发展身体素质和身体活动能力，提高机体对自然和社会环境的适应能力。进行爱国主义和集体主义教育，培养朝气蓬勃、积极向上的进取精神和集体荣誉感，培养克服困难、承受挫折的能力。

（4）初中阶段目标：逐步运用田径、体操、球类、民族传统体育等运动手段，发展速度、灵敏性、柔韧性等身体素质，特别加强了力量和耐力性练习。对体育的基本技术和技能的要求有所提高。加强体育文化的学习，了解有关的战术和规则，能参加球类项目比赛。

第三，在课程内容结构上虽然继续采用必修与选修（含限选和任选）相结合的基本结构，但加大了选修部分的比重，对不同年级在必修和选修的比重上分得更为细致。如小学必修内容一、二年级占70%，三至六年级占60%；选修一、二年级占30%，三至六年级占40%。初中必修和选修内容各占50%。高中必修内容占40%，选修内容占60%。由此可见，大纲扩大了其选修内容的比重，加强了体育课程内容的弹性，有利于各地区、学校结合当地实际，灵活多样地选择教材内容来开展体育活动，也有利于广大教师和学生创造性地进行教学。

为减少教学的随意性，大纲还把选修教材分为限制性选修和任意选修两类。前者要求在必修教材的基础上，由学校根据学生的爱好和需要，结合学校实际情况，从限选内容中选定1~2项教学内容；后者则包括民族、民间传统体育项目、现代科学的健身方法、新兴体育项目、必修内容的提高与拓宽，以及由学校置换的其他内容。

为了便于在课程内容的教材排列上统筹安排，增加教材的灵活性和弹性，该大纲将原小学分6个年级教材内容体系更改为按照小学低（一、二年级）、中（三、四年级）、高（五、六年级）3个阶段安排。从其教材比重看，田径教材仍占首位，体操教材则是三至六年级的重点内容之一；而武术为则被列为必修内容，其他形式的民族、民间体育项目与养生方法被列为选修。初中田径教材教学时数基本不变，体操教材教学时数相对增加，但在内容上做了精简，武术教材的教学时数由过去的6%~8%增至10%。

第四，在学生体育成绩考核及教学评价方面进行了新的改革尝试。新大纲以考核学生的学习态度和学习过程中的表现及进步程度为重点，强调从技术评定向能力评定过渡，调整了原大纲规定的"结构考核"体系，取消百分制，实行优秀、良好、及格、不及格4级分制。在考核方式上除由教师考查学生出勤、学习态度、进步程度、动作质量之外，还提倡学生的自我评价和同学间的相互评价，以便对学生的体育学习进行综合性评价。其评价意在强化体育学习的激励功能，淡化其甄别和筛选功能。

总之，基于新世纪教育改革背景下出台的2000年版的《体育与健康教学大纲》，虽然是一个具有谢幕性质的过渡性大纲，但较先前的体育课程教学大纲还是做了较大力度的调整和改革，体现了新世纪我国基础教育课程改革的基本精神。这一点，无论从体育课程指导思想和目标构建层面，还是从课程内容调整，教学方法、手段的要求以及学习评价等方面来看，都无不有所体现。但是，这一课程改革毕竟是在原有第二代课程基础上进行的，其大纲时代的体育课程模式并未从根本上进行较为彻底的改革，难以完全适应新世纪基础教育课程改革的要求。

（二）新课程标准的推行

过渡性大纲颁行不久，2001年9月《体育（1～6年级）、体育与健康（7～12年级）课程标准》进入国家基础教育改革实验区，在全国38个国家级实验区进行体育教学改革实验。2002年和2003年教育部先后出台了《义务教育中小学体育（与健康）课程标准（实验稿）》和《普通高中体育与健康课程标准（实验稿）》，实验区进一步扩大。经过十年的课改实验，2011年教育部颁布了《全日制义务教育体育与健康课程标准（修订稿）》（以下简称修订稿）。

至此沿用了半个世纪的体育教学大纲将悄然隐退，取而代之的是国家的体育课程标准。与以往体育教学大纲（以下简称"教学大纲"）相比，课程标准在课程的名称、指导思想、目标体系、学段划分、内容标准、内容举例（田径）、教学时数、评价方法等许多方面均发生了重要的性质变化，将素质教育的理念切实落实到课程标准之中，体现了鲜明的时代气息，下面将阐述其重要特征。

（三）体育与健康课程标准实验稿

2001年《基础教育课程改革纲要（试行）》明确指出，基础教育课程改革目标要实现课程功能、课程结构、课程内容、课程实施、课程评价、课程管理方面的"六个转变"，即改变课程过于注重知识传授的倾向，强调形成积极主动的学习态度，使获得基础知识与基本技能的过程同时成为学会学习和形成正确价值观的过程；改变课程结构过于强调学科本位、科目过多和缺乏整合的现状，整体设置九年一贯的课程门类和课时比例，并设置综合课程，以适应不同地区和学生发展的需求，体现课程结构的均衡性、综合性和选择性；改变课程内容"难、繁、偏、旧"和过于注重书本知识的现状，加强课程内容与学生生活以及现代社会和科技发展的联系，关注学生的学习兴趣和经验，精选终身学习必备的基础知识和技能；改变课程实施过于强调接受学习、死记硬背、机械训练的现状，倡导学生主动参与、乐于研究、勤于动手，培养学生收集和处理信息的能力、获取新知识的能力、分析和解决问题的能力以及交流与合作的能力；改变课程评价过分强调甄别与选拔的功能，发挥评价促进学生发展、教师提高和改进教学实践的功能；改变课程管理过于集中的状况，实行国家、地方、学校三级课程管理，增强课程对地方、学校及学生的适应性。

为了实现上述六个方面的课程转变，新体育课程改革对过去的体育课程改革进行了检讨。认为，以往的体育课程改革存在的不能完全适应时代发展的主要问题是：体育教育观点相对滞后；教学大纲对教学内容规定得过多、过细；体育教学过程中过分强调教师的中心地位；过于强调运动技能和知识的系统性；学生的身体素质和运动能力呈下降趋势；教学评价过分注重运动成绩等。因此，中小学"体育与健康"课程应走出单纯注重运动技能与知识传承的道路，把培养具有健康体魄、为祖国和人民服务、适应时代发展、具有旺盛生命力、身心健康的下一代作为课程教育的根本目的和指导思想，贯彻于课程的始终。基于这样的基本认识，新的体育课程标准在课程基本理念、设计思路、内容、学习方式、评价等方面进行了以下全新的设计。

第一，在课程性质的定位上把体育与健康课程界定为"一门以身体练习为主要手段、以增进中小学生健康为主要目的的必修课程""是突出健康目标的一门课程"。在理念上要求：坚持"健康第一"的指导思想，促进学生健康成长；激发运动兴趣，培养学生体育锻炼的意识和习惯；以学生发展为中心，重视学生的主体地位；关注个体差异与不同需求，确保每一个学生受益。而在高中阶段，还强调"培养学生健康的意识和体魄""帮助学生学会学习""注重学生运动爱好和专长的形成，奠定学生终身体育的基础"。

第三章 国际视野下的体育教育专业教学实践改革

第二，在课程的目标上，将总目标确定为：掌握体育与健康的基础知识、基本技能与方法，增强体能；学会学习和锻炼，发展体育与健康的实践和创新能力；体验运动的乐趣和成功，养成体育锻炼的习惯；发展良好的心理品质、合作与交往能力；提高自觉维护健康的意识，基本形成健康的生活方式和积极进取、乐观开朗的人生态度。而在具体目标的构建上，以健康三维观和教学内容的不同性质划分出五个学习领域的目标，即运动参与、运动技能、身体健康、心理健康、社会适应五个方面。

根据学生身心发展的阶段性划分学习水平，并制定出相应的水平目标，从而形成了"课程目标—学习领域目标—水平目标"三个层次的课程递进目标体系（表3-9）。在具体目标的表述上要求：用尽可能清晰的行为动词从知识与技能、过程与方法、情感态度与价值观等方面对学生的学习结果进行描述，以便于操作和评价。

表3-9 根据学生身心发展的阶段性划分的学习六个水平

教育阶段	年级	水平等级
小学	1~2年级	水平一
	3~4年级	水平二
	5~6年级	水平三
初中	1~3年级	水平四
高中	1~3年级	水平五
发展性学习目标		水平六

第三，课程标准体现了"目标引领内容"的思想，没有规定具体的学习内容，只对如何达到某一水平目标提出若干活动建议或内容建议，只对完成课程目标所需要的内容提出一个大的范围或建议。力图改变课程内容的繁、难、多、偏、旧的现状，使体育学习与学生生活和社会发展的联系更密切。从而摒弃传统的按运动项目划分课程内容和安排教学时数的框架，建立起根据课程目标体系构建课程的内容标准。

在高中阶段，强调"学生可以根据自己的条件和爱好在学校确定的范围内选择学习项目，体现课程的选择性特征，满足学生个性化学习和发展的需要"。为此，《普通高中体育与健康课程标准》将高中体育与健康课程内容划分为必修和选修两部分。必修内容是对全体学生学习体育与健康课程内容的共同要求。为了和九年义务教育体育与健康课程的四级学习水平相衔接，该《标准》设置了两级学习水平（水平五、水平六）和七个系列（包括田径类项目、球类项目、体操类项目、水上或冰雪类项目、民族民间体育类项目、新兴运动类项目六个运动技能系列以及一个健康教育专题系列）。

水平五规定了每一位高中学生通过自己的努力应达到的学习目标，是全体高中学生的共同必修内容。其中，六个运动技能系列必修 10 个学分，健康教育专题系列必修 1 个学分。在运动技能学习中，基于田径类项目在促进学生体能发展和意志品质培养方面的重要性，要求学生在田径类项目系列中至少必修 1 个学分。水平六是为部分学有余力的学生设置的发展性学习目标。

同时，《标准》还主张"根据学生的需求和爱好加大运动技能学习的自主选择性"。《标准》在水平五和水平六的运动技能中各设立六个系列。每个系列包含若干模块，一个模块由某一运动项目（如篮球、有氧操、短距离跑、中长跑、太极拳、轮滑等）中相对完整的若干内容组成，一般为 18 学时，以便学生对所选模块进行较系统地学习。学生每完成一个模块的学习，且成绩合格即可获得 1 个学分。高中三年中，学生修满 11 个必修学分（含田径类项目系列必修 1 个学分，健康教育专题系列必修 1 个学分）方可达到体育与健康课程的毕业要求。鼓励有体育兴趣和爱好的学生在完成 11 个必修学分的基础上修得更多学分；建议有志于向体育运动及相关专业方向发展的学生，至少再选择 5 个以上学分的体育与健康课程内容进行学习。其设计意图在于减少运动技能学习的项目内容，以便学生形成运动爱好和专长，满足学生个性化学习和发展的需要。

第四，强调学习方式的转变。倡导"主动参与，乐于探究，交流与合作"为主要特征的学习方式，建立"主动、探究、合作"的新学习方式。

第五，在学习评价上特别指出，以往的评价基本上是一种甄别学生的过程；在此过程中只有少数人获得鼓励，体验到成功；过于注重体育知识技能的量性评价，而忽视态度、情感的质性评价；过于注重体育课程的终结性评价，而忽视体育课程的过程性评价；只注重教师的评价，而忽视学生的个人评价和学生间的相互评价。因此，新课程标准力图淡化终结性评价和评价的甄别筛选功能，强化过程性评价和评价的教育发展功能，倡导学习评价重点的转变（见表 3-10）。

表 3-10 高中体育与健康课程学习评价重点的转变

不太强调	比较强调
评价运动成绩	评价与教学过程较为相关的态度、行为等
评价体育与健康知识的记忆	评价对体育与健康知识的理解和运用
评价单个运动技术掌握的水平	评价所选运动技术的运用和运动参与程序
仅评价最终成绩	既评价最终成绩，又重视学习过程和进步幅度
仅有教师进行外部评价	教师评价与学生的自我评价、相互评价相结合

在评价内容上,除重视体能、知识、技能的评价外,更加重视学生的态度、心理和行为等方面的评价;在评价方式上,除重视教师对学生的评价外,更加注重学生之间的相互评价和学生的自我评价;在评价标准方面,强调依据水平目标,各地和各校将绝对性评价与个体性评价结合进行。倡导以多元的内容、多样的方法、多元的评价标准和评价主体构成科学的学习评价体系,多方面收集评价信息,准确反映学生的学习情况,充分发挥评价的诊断、反馈、激励与发展功能,更有效地挖掘每一位学生的体育与健康学习潜力和调动他们的体育与健康学习积极性,促进学生更好地"学"和教师更好地的"教"。

实验体育与健康课程标准力图在课程目标、内容标准和实施建议等方面全面体现知识与技能、过程与方法、情感态度价值观等体育课程的综合功能,从而促进体育教育重心的转移。

新课程标准相对于我国大纲时代的第二代体育课程,无论从课程的理念、目标的构建,还是课程内容、学习方式、学习评价等诸多课程构成要素而言,其改革力度之大前所未有,它对我国传统的、在苏联课程模式基础上建立起来的以"大纲"为标志的课程体系及其教学模式带来了很大的冲击,从一定意义上可谓颠覆性的。一方面,由于课程标准通过目标统领内容的基本结构,在对学生应达到的体育学习结果的基本要求上的规定,主要是对不同学段目标的描述,以及对实施过程的建议,其重点不再是对体育课程教学进行具体的规定或要求,不直接对教学具体内容、教材体系、教学先后顺序等问题做出直接的、硬性的、统一的规定,只是对这些问题提供一些建议或指导。这就为教材的编写、教材的多样性和各地课程设计实施的特色性、一线体育教师的创造性教学提供了较大的空间。而另一方面,由于其变化之剧烈,必然对课程实施的适应性、操作性等问题带来很大的挑战。

(四)体育与健康课程标准的修订

体育与健康课程标准实施以来,课程标准的精神和内容得到了实验区广大教师的充分肯定,体育与健康课程的改革带来了新的气象,也取得了显著的成绩[a]。新课程标准的有关设计者研究表明:"10 年来,我国体育教育思想、课程理念、教师教的行为和学生学的行为等均发生积极变化;同时,体育课程改革在体育教师教育观念、专业

---

a 季浏. 我国新一轮基础教育体育课程改革 10 年回顾[J]. 上海体育学院学报,2011(02).

化水平、地方重视程度及新课程指导与培训等方面存在的问题。"与此同时，以《课程标准》实验为标志的新一轮体育课程改革也带来了一些新的问题，其间引发的争议也颇多。如对"淡化运动技术教学的争议""教学内容选择上的混乱""扁担南瓜进课堂""模拟劳动的体育课"等体育课堂教学异化问题，如何正确处理"健康增进"与"运动技能学习"的关系、新型学习方式和传统学习方式的关系，如何正确对待学生的运动兴趣、三级课程管理的问题及学习评价的操作性等问题。这些问题对课程标准的推行也带来了一定的困难[①]。经过多次的讨论与修改，新修订的《义务教育体育与健康标准》（以下简称为《修订版标准》）终于于 2011 年 12 月底面世。《修订版标准》在修订方面的调整变化主要体现在以下几个方面。

1. 课程名称和课程性质描述的变化

修订后的课程名称更改为《义务教育体育与健康课程标准》。将小学 1～6 年级的课程名称从"体育"转变为"体育与健康"，与 7～12 年级的课程名称统一起来。这种课程名称上的变更，一是为了与高中阶段的课程标准名称统一，消除人们对课程名称不统一所提出的质疑；二是为了避免人们因课程名称中缺乏"健康"一词易引起小学阶段无需进行健康教育的误读，从而强化体育课程教学中应融入的健康教育内容，避免健康教育的忽略。《修订版标准》去掉了对"课程价值"的描述，增加了对课程性质描述的说明。由于实验版《标准》对课程性质的描述受到质疑，因此，修订版在课程性质中特别增加了"以学习体育与健康知识、技能和方法为主要内容……培养学生终身体育意识和能力"这样的描述，以便消除新课程改革实验中人们对运动技术教学的误解，强调终身体育思想的指向。另外，还强调了体育与健康课程具有基础性、健身性、实践性和综合性的学科性质，并对这些性质进行了阐述。

2. 对课程理念的修订

在"坚持'健康第一'的指导思想，促进学生健康成长"的理念中，增加了"努力构建体育与健康知识与技能、过程与方法、情感态度与价值观有机统一的课程目标和课程结构"这样的表述，并强调在重视体育学科特点的同时，融合与学生健康成长相关的各种知识。

在"激发运动兴趣，培养学生体育锻炼的意识和习惯"的理念中，修订稿将实验

---
a 李相如，姚蕾. 北京市中小学体育的现状与发展对策研究[J]. 北京体育大学学报，2006（07）.

版"无论是教学内容的选择还是教学方法的更新，都应十分关注学生的运动兴趣"的表述修订为"强调在课程目标的确定、教学内容和教学方法的选择和运用方面，注重与学生的学习和生活经验相联系"，还特别强调"重视对学生正确的体育价值观和责任感的教育，培养学生刻苦锻炼的精神"。这样的调整，意在防止片面迁就学生兴趣、不重视学生正确体育意识和体育精神培养的倾向，纠正因对强调运动兴趣的误读而让学生随心所欲的"放羊式"教学。

在"以学生发展为中心"的理念中，最后补充强调了"促进学生掌握体育与健康学习的方法，并学会体育与健康学习"，即"以学生发展为中心"最后还是要落实到促进学生学习能力的提高和学生学会学习上来。另外，修订稿还在原实验稿"关注个体差异与不同需求"的理念中，增加了"关注地区差异"的表述，意在提倡学校不仅要根据学生的个体差异因材施教，而且还要根据各地的实际情况，因地制宜地开展教学，以保证教学更加切合实际。

3. 课程设计思路方面的变化

修订版删除了实验稿中的"课程目标"和"学习领域目标"的标题，代之以对课程目标及其各个学习方面目标的直接阐述，并在课程目标中加上"学会学习和锻炼，发展体育实践和创新能力""提高自觉维护健康的意识"等课程目标的描述。另外，修订稿还将"根据课程目标与内容划分学习领域"变更为"根据学生全面发展的需求确定课程目标体系和课程内容"。这种调整变化，意在强调课程设计的出发点和着力点都要围绕学生的发展，将目标、内容落实到学生的发展上，充分体现"以学生为本"的教育理念。

4. 课程目标的调整

修订版在课程目标方面做了较大的调整。首先，在课程目标中增加了"学会学习和锻炼，发展体育与健康实践和创新能力"，以及"提高自觉维护健康的意识"的目标；其次，将实验稿中提出的五个学习领域，修订为四个学习方面，将原来的心理健康和社会适应两个领域合并为心理健康与社会适应的学习方面。在具体表述时，修订稿先用一段文字描述每个方面的具体指向，然后说明其达成的方法或途径，并指出小学与初中阶段学生应重点学习和发展的目标。值得注意的是，在"课程目标"表述的最后，还特别强调地指出：四个方面的目标"是一个有机联系的整体，各个学习方面的目标主要通过身体练习实现,不能割裂开来进行教学"。这种目标层面的修改,一方面是为了更好地体现素质教育提出的"培养学生学会学习和提高学生创新能力"的理念;另一方面也是为了矫正实验版《标准》在课程目标方面存在的问题(如对"课程目标—领域目标—内容标准—5个学习领域—……水平目标"层次体系的质疑和争议[a]),解决"心理健康"和"社会适应"教学目标的达成度不高的问题,防止体育课堂教学中将各个学习方面目标被人为割裂的现象,消除人们在课程目标的混淆认识。

5. 课程内容方面的变化

首先,修订版将实验版中"内容标准"修改为"课程内容",并将内容的呈现顺序变为"水平阶段(年级阶段)→学习方面→内容→学习目标"(实验版为"学习领域→内容→水平目标")。其次,还在每一条目标要求之后列举出达到相应目标要求所需要学习的课程内容,并增加了"评价要点"和"评价方法举例",以帮助一线教师更好地理解选择什么样的教学内容达成相应的学习目标,说明了如何评价学习目标的达成,从而帮助教师更好地理解什么是"目标与内容"。

在具体内容方面,修订版也作了一些调整。如:强调在水平一和水平二阶段要重点发展学生的走、跑、跳、投、攀爬等基本身体活动能力,掌握基本身体活动的动作;多采用体育游戏活动的方式进行教学,并在义务教育阶段的体育教学中,要开展多种形式的竞赛活动。另外,较之实验稿,修订版更加关注身体与健康、运动与健康之间的关系,适当地增加了一些卫生保健和健康教育方面的知识,以帮助学生形成健康的生活习惯,养成健康意识。根据教育部提出的"减负要求",修订版还保留和增加了适合各水平学生身心特点的运动技能和身体活动内容,删去了诸如水平一和水平二的"悬垂"和"支撑"等难度较大的学习内容。

由于实验版《标准》在课程内容设计上一改大纲时代对内容的统摄,取消了对体育教材的具体规定和指导,从而带来了一线教师在教学内容选择上的混乱,如很多教师认为,"只要教学内容能激发学生的运动兴趣,学生喜欢就可以了";一些另类的"非体育性教材"(如魔术、电子竞技、棋牌、多米诺骨牌、劳作等)也大量涌入体育课程,甚至在体育课程改革试验中出现了"很多的体育教师不知道体育课到底怎么上了"的困惑。因此,这次课程内容方面的修改和调整意在加强课程标准对一线体育课程教

---

a 毛振明,赖天德,陈雁飞等. 关于完善《体育(与健康)课程标准》的建议(上)[J]. 体育学刊,2007(03):

学在内容上的指导性，突出体育学科的运动教学特点，进一步落实健康教育的内容，以便使一线教师更有针对性地实施教学。

6. 实施建议方面的修改

为了强化地方和学校对体育与健康课程建设的责任和权利，体现三级课程管理的要求，修订稿将"教学建议"部分关于地方和学校课程实施方案的制订挪至附录部分，同时对地方和学校体育与健康课程的实施方案和实施计划提出了更加明确的要求。为提高教学建议部分对体育教学的指导的针对性，将过去"教师教学方案的制订""教学组织形式的选择""教学方法的改革"，修订为"设置学习目标的建议""选择和设计教学内容的建议"和"选择与运用教学方法的建议"三个部分。将实验稿中较为繁缛的具体要求、原则等，简化为比较明晰的建议条目。此外，还将实验稿"教学建议"中提供的"案例"移至附录。其案例更多地关注学生在教学中的活动，以体现"以学生发展为中心，重视学生的主体地位"的课程理念。每个案例还增添了"说明"部分，较为详细地阐释其设计思路，以便教师理解和参照。

在教学建议中，修订稿一方面在原有基础上，特别强调了两个思想，即"学习目标要充分体现知识与技能、过程与方法、情感态度与价值观三维目标的思想"；在选择和运用教学方法层面也要有助于促进学生在三维目标方面的整体发展；而在选择和设计教学内容时则要"体现目标统领内容"的思想。另外，还强调要"重视健康教育"。要求"各校应根据实际情况，充分利用雨雪等天气的上课时间，每学年保证开展一定时数的健康教育内容教学"。

鉴于人们对实验稿课程评价方面的质疑和批评，如课程评价的概念和内容都不明确，"教师教学评价"和"课程建设评价"并非体育教学评价重点，将各种不同层面的评价混为一谈，修订版在评价建议部分做了较大的修改，废除了原先的"教师教学评价"和"课程建设评价"部分，重新架构了包括"明确体育与健康学习评价目标""合理选择体育与健康学习评价内容""采用多样的体育与健康学习评价方法""发挥多方面评价主体的作用""合理运用体育与健康学习评价结果"这样一个较为明晰的评价指导体系。而在具体内容中，删除了原先提出的"学习评价的重点"，细化了"学习成绩评定方法的建议"；将"教师评定"置于"学生自我评定"和"组内互相评定"之前，增添了"合理运用体育与健康学习评价结果"的建议。在此部分，为防止"体质健康测试""中考"等应试教学对正常体育与健康课程教学的冲击，修订稿还特别指出，"教师应正确处理体育与健康学习评价与《国家学生体质健康标准》测试和'本育中考'等的关系,避免大量的'应试课'冲击和替代正常教学课的现象,影响体育教学质量。"

为了提高体育学习评价的可操作性,修订稿在附录部分还增加了一些可供教师直接参考的案例,以便拓展教师的思路,解决一线教师不知道如何根据新的学习评价思想和理念对学生进行学习评价的操作性问题,避免以前评价中出现的"虚化""软化""无标准化"和"无甄别化"等问题,消除教师对"新课程"评价的误解和困惑。

在教材编写部分的修订上,修订版除将教材编写部分前置于"课程资源的开发与利用建议"外,在具体内容上也作了一些修改。如将先前的"教材编写的原则"变更为编写教科书应注意的几个方面,并删除了"教材内容编写建议""教材的呈现形式和体例"部分。

在"课程资源开发与利用建议"部分,修订版首先明确指出:"体育与健康课程资源是形成各地、各校体育与健康课程特色的重要前提和条件",还特别强调"尤其是农村学校应当充分开发与利用体育与健康课程资源,确保体育与健康课程正常、有效地实施"。其表述一方面在于强调体育课程资源的重要性,另一方面也是考虑到我国各地各校在体育资源上的差异性,鼓励体育经费投入不足、体育资源紧缺的农村学校进行体育课程资源的开发与利用,因地制宜,确保体育课教学的有效实施。

鉴于课程内容资源开发中出现的混乱现象,如一些非体育性质的素材充斥于教学内容的问题,修订稿还强调,课程内容资源的开发与利用一定要与身体练习有关,无助于身体练习的内容不应作为体育与健康课程的教学内容。另外,修订稿还增加了时间资源的利用与开发,建议教师充分利用课余时间,引导学生积极参与课外体育锻炼,而体育场地比较紧张的学校要注意合理安排体育课时间,提高体育场地设施和器材的使用效率。

综上所述,此次《体育与健康课程标准》修订,虽然有鉴于新课程标准实验的经验教训,汲取了各方的修订意见,对实验版《标准》的多个部分进行了相应的局部修订或调整,但在其课程的理念、设计架构等核心实体方面并未做大的改动。这种局部的修订或调整,一方面是为了整合各方对标准的修正意见、解决实验中出现的问题;另一方面,也是基于对新课程标准推展实施的一贯性、持续性的考虑。因此,修订版还没有对其课程设计中存在的一些深层问题或根本性问题做出相应的回应和调整。

第五节 国内外体育教育改革的比较

20世纪90年代至21世纪初的20年间，世界上主要发达国家和部分发展中国家相继进行了教育改革。这些改革的主要对象是基础教育课程，希望通过改革课程思想、结构、内容、教学和评估等，适应迅速变化的社会对人才的需求，在信息化、全球化时代，提升本国在国际社会的竞争力。教育改革是一个漫长的过程。一些国家10年进行一次，如日本、美国等，还有一些国家改革的周期更长一些，如中国、德国、澳大利亚等。在改革过程中，各国都积累了成功的经验，也有失败的教训。总结这些经验，对认识国际教育发展的一般规律，认识本国教育发展过程中存在的问题，改善本国教育现状，提高教育质量，都具有重要的理论价值和实践意义。笔者将从比较的视角，对前述各国体育课程改革的共同特征和不同特点进行分析和研究，以期为我国体育课程和教材改革提供可资借鉴的经验和建议。

一、体育课程目标的比较

（一）体育课程目标改革反映了各国教育改革的基本理念

不同国家由于社会制度、经济发展阶段和水平以及教育发展水平不同，教育改革的理念有所差异，而不同的教育理念对体育课程目标的影响又有所不同。20世纪90年代到21世纪初，美国教育改革倡导优质教育，追求学术课程的成果，突出英语、数学、科学的学科地位，使得美国体育课程不得不重视课程内容的知识性和科学性，改变原来单纯注重游戏和比赛的传统，体现在课程目上就是强调"有知识、有技能""懂得参与体育活动的意义和价值；懂得体育活动对健康生活的贡献"。然而，虽然美国体育界在为达到教育改革的目的而努力改善学校体育课程，但体育学科在学校课程中"二等公民"的地位似乎没有得到明显改善。在现今的美国，教育环境强调核心课程，就是所谓的"学术性科目"的义务和成就。时任美国总统布什签署的《不让一个孩子掉队》的初、中级教育法案（2002）若无其事地"遗漏了"体育和健康等课程，加剧了体育在许多州的边缘化现象。

日本2008年的新课程修订在其1999年课程改革理念基础上进一步强调了"生存能力"的概念。生存能力包括自我学习、自我思考和自我判断和行动的素质和能力。体现在体育学科上，就是培养和提高体育学习能力。体育学习能力包括：（1）身体能力；（2）态度；（3）知识—思考—判断三方面的内容。这些在初中体育课程目的中得到充分的体现，如："紧紧围绕身心一体化，通过合理的运动实践和对健康、安全及有关运动的理解，培养终身亲近体育活动的素质和能力的同时，努力提高增进健康的实践能力和体能，培养快活而充实的生活态度。[①]"

新西兰健康和体育课程建立在健康、健康促进、社会生态观、态度和价值观四个核心概念基础之上。其体育目的的制定充分体现出这些理念。"在健康相关环境和动作环境中学习，促进学生自身、他人和社会的健康。"课程目的的表述突出了"健康"，强调了"学习环境"的综合性以及把"运动"同时作为目的和手段进行学习。

我国体育与健康课程的理念包括四个方面：（1）健康第一；（2）培养运动兴趣、锻炼意识和习惯；（3）发挥学生学习的主体性；（4）关注个体和区域差异性。课程目标的表述突显了"健康""终身体育意识"和"体育能力"三个方面，较为准确地体现了课程理念[②]。

（二）增进"健康"成为各国体育课程的共同目的

日本体育课程目的的表述是："谋求培养保持和增进健康的实践能力和提高体力。"美国体育课程目的的表述是："赋予体育活动以价值，懂得体育活动对健康生活的贡献。"英国体育课程目的的表述是："体育课程为学生提供各种机会使学生变得在身体方面自信，从而促进健康和体能发展。"澳大利亚健康和体育课程目的的提法是："培养学生使其成为有知识、理解力和技能的人，能够健康、安全、积极地生活。"新西兰的健康和体育课程更是突出了"健康"的核心地位："在健康相关环境和动作环境中学习，促进学生自身、他人和社会的健康。"

体育课程名称也体现了一些国家的体育课程对"健康"的追求。澳大利亚和新西兰体育课程名称为"健康和体育"，加拿大的叫做"体育和健康教育"，我国的课程名称是"体育与健康"。

上述国家在教育改革过程中将体育和健康教育联系在一起，主要归因于这些国家青少年儿童出现了明显的运动不足以及与之有关的肥胖症趋势。体育和健康的结合被认为能够有效解决威胁青少年儿童身心健康的问题。

---

a 陆作生，陈娇霞．日本初中体育《学习指导要领》的修改及其特征[J]．体育学刊，2011（03）．
b 中华人民共和国教育部．义务教育《体能与健康》课程标准[M]．北京：北京师范大学出版社，2012．

（三）各国体育课程目标将体能和运动技能发展并举，体现了体育课程的本质特征

一些国家在课程目的中直接强调了发展体能和运动技能。如日本提到"……培养一生有计划地享受运动的素质和能力，同时，谋求培养保持和增进健康的实践能力和提高体力"。美国"接受过体育的人"的概念："（1）已经学习了进行各种体育活动的必要的技能；（2）体能强健……"。英国："激励所有学生在竞赛性运动和其他身体活动中成功和超越……从而促进健康和体能发展。"另一些国家则在体育教学或更为具体的成就目标中体现出这种本质特征。如加拿大的成就目标中"A6：每天参与中等以上强度体育活动，提高体能；B4：展示训练原则，提高体能"；我国"掌握运动技能与方法，全面发展体能与健身能力"。

运动技能一直是体育课程的核心目标之一。体能发展受到重视，则与近20年来有关国家青少年运动不足及其引起的体能持续下降有关。其根本原因是信息化带来的静态生活方式所致。

（四）体育课程目标中突出了体育的社会教化功能

体育的社会教化功能指体育有助于培养"合作与竞争""公正公平""人际交往""责任感""规范意识"等价值观。英国："通过参加竞赛性运动和其他活动的机会塑造个性，帮助学生形成公平和尊重他人的价值观。"日本："培养公正、合作、责任感等态度"。美国："懂得参与体育活动的意义和价值"。新西兰："……促进学生自身、他人和社会的健康（包括身体健康、心理和情绪健康、社会健康、精神健康）。"我国："培养坚强的意志品质；学会调节情绪的方法；形成合作意识和能力；具有良好的体育道德。"

相对于其他学科，体育的教化功能具有特殊性，是其他学科很少具备，或难以发挥的，这也是体育学科赖以存在的重要基础之一。Hardman等人的调查也说明这一点。有21%和23%的调查对象认为体育对小学生和中学生的个人或社会性发展具有贡献。

（五）终身体育成为多国体育课程追求的最终目标

无论是日本的保健体育，美国的国家体育标准，还是我国的体育与健康课程，都明确了体育课程为终身体育打基础的性质。其他国家的体育课程尽管没有明确终身体育的目的或目标，但大都指出了培养积极的生活态度和经常参加体育活动的习惯。这些都是终身体育的基础。

二、体育课程内容的比较

（一）课程内容具有鲜明的学段特征

综合各国体育课程内容，一般而言，小学学习内容包括各类游戏（器械游戏、表现韵律游戏、跑跳游戏、抢先游戏、教材化游戏、组织松散的游戏、控球游戏等）、各类舞蹈、韵律活动、基本体操、基本体能（有氧运动、循环训练、慢跑、伸长运动、步行）等。小学高年级开始接触的球类运动、田径运动、游泳、器械运动等需要一定运动技能和运动文化。中学体育课程内容以经典运动文化为主体，如田径运动、球类运动（或球类游戏）、游泳（或水上运动）、体操、舞蹈（民族舞、现代舞、舞厅舞、街舞等）、体能运动、户外运动，冰雪运动（加拿大、俄罗斯），还包括民族传统体育文化（中国的武术、日本的武道、新西兰毛利人传统的体育活动特里奥古力）。体育课程内容的学段特征，反映了中小学生不同的生理、心理发育特征，也是少年儿童生长发育客观规律的反映。

（二）课程内容分类方式不同，多以运动类型进行分类

加拿大不列颠哥伦比亚省中学体育课程内容主要由3大类构成：个人/双人类运动（包括体能活动、目标型活动、操控型活动、田径运动、格斗型运动、陆上运动、水上运动和冰雪运动等）；游戏活动[正规和创新型活动、网/墙运动、场地游戏（集体球类运动）、目标型游戏]和韵律活动（包括舞蹈和体操，具体又分为韵律和创造性舞蹈、流派和文化型舞蹈、体操、冰雪运动和水中运动）。

日本体育课程内容分类方式，多年来变化不大，主要内容有塑身运动（过去是增强体能的运动）、器械运动、田径运动、游泳、舞蹈、球类运动、武道、体育理论和保健。美国体育课程内容主要包括：冒险运动、水上运动、体能运动、团队运动（集体球类运动）、个人/双人运动、合作性/自主性运动、娱乐活动、舞蹈和韵律活动、体操、武术和东方术等。

德国体育课程内容分为跑、跳、投（田径运动）；水中运动（游泳）、利用器械运动(器械运动)；创造、跳舞、再现（体操、舞蹈、技巧）；规则性游戏（球类运动）；滑板工具性运动（滑旱冰、滑冰、滑雪、划艇）；格斗（对人运动）。

（三）课程内容出现了以竞技运动文化为主体、新兴运动和体能运动并存的局面

一方面，田径、体操、舞蹈、游泳、球类运动等现代竞技运动文化仍然是各国体

育课程的主流内容，反映出体育课程的运动文化传承本质。据 Hardman (2008) 所做的国际调查研究，游戏比赛（以集体和个人／双人球类运动为主）、田径和体操各占各国小学和中学体育课程内容的 77% 和 79%。与此同时，新兴运动不断融入体育课程，丰富和发展着运动文化内容，如山地自行车、有氧搏击、自我防卫、街舞、呼啦圈、攀岩、有氧运动、滑板滑雪、滚轴溜冰等。新兴运动大多都是户外有氧运动，与健康有密切关系，体现了体育和健康密切结合的趋势。另一方面，体能运动，尤其是健康体能运动蓬勃发展，反映了"运动饥渴"的现代社会对体育课程日益增长的客观需求。随着科学技术的发展，人类社会信息化程度的进一步提高，人类生活的静态化和运动不足会更为突出，青少年儿童的体能下降会更为严重，学校教育对发展青少年儿童健康体能的呼声会更加强烈。体育课程有关发展健康体能的内容将会不断涌现。可以说，运动文化传承和健康体能发展是世界各国体育课程的两大主题，也是体育课程展开的两个并行而又密切联系的逻辑起点。

（四）民族传统体育文化成为体育课程的主要内容之一

民族传统体育文化成为体育课程的主要内容之一，反映了体育课程的文化传承使命许多国家在其体育课程内容中保留和传承了其民族体育文化，如日本的武道、中国的武术、德国的体操、英国的户外运动、新西兰的特里奥古力以及加拿大和俄罗斯的冰雪运动等，都是各国传统运动文化的典型代表。

三、体育课程／教学模式的比较

为实现体育课程的目的和教育目标，各国学校体育都在尝试不同的课程和教学模式，而较为成功的模式当属运动教育模式、领会教学模式和健康体能教学模式。运动教育模式已经在包括美国在内的多个国家或地区推广，如澳大利亚、新西兰、俄罗斯、中国（包括香港和台湾地区）等。这一教育模式以培养有运动能力、熟悉运动文化、具有运动员精神的热情的参与者为宗旨，以教师的直接指导、合作学习、伙伴学习、情景学习为特征，在充分调动学生学习积极性，培养积极学习态度的同时，有效地传承着运动文化。领会教学模式有效地运用体育知识的认知规律，通过精巧的教学设计和组织，利用整体—部分—整体的教学结构，有效地发展学生的认识能力，培养学生对体育的兴趣。健康体能教学模式是在青少年体能不断下降的背景下产生的，正日益发展成为一种课程模式，不仅有自己的目标、课程内容、教学方法，还有自己的评价体系，对各国学校体育课程将产生深刻影响。

值得注意的是德国体育课程改革中出现的跨学科教学模式。该模式强调体育的教育功能，认为体育课程应在健康教育、对外国文化的理解、性教育、环境教育、安全教育方面有所贡献。体育课程的内容主要是运动文化，其功能则是促进身心健康和人格形成。具体说，体育对身体体验、表现、冒险、完成、合作、健康等方面有多重意义。同时，体育使人与自身、事物、他人发生联系，并对个人的人格形成大有裨益。北莱茵州、下萨克森州和汉堡市的体育课程最具代表性。这一教学模式与加拿大、澳大利亚、新西兰和中国的体育课程转变为"体育和健康"（或"健康和体育"）的做法类似，凸显了体育课程教育功能的多元化，具有综合学科课程的典型特征。

四、体育课程和教学评价的比较

（一）体育课程和教学评价改革的实践有很大差异

英国的体育课程改革实践表明，1999年制定的8个达成水平的评价体系在一定程度上可能误导了实践一线的教师，在评价学生的学业成绩时，出现了贴"标签"的负面结果。课程审查专家小组列举了明确的证据，指出现行的水平评价制度可能导致老师专注于给学生贴正确的"标签"，而不是对所有学生提出更高的期望，不是恰当地运用评价手段确保学生接受他们获得成就所需要的支持。因此，在2011年新一轮的课程改革中，国家课程从整体上取消了8个国家课程水平的评价系统，旨在为学校在评价方面拥有更大程度的自主权创造机会。国家课程倡导学校应把教学集中在核心内容上，而不是一些模糊的水平描述上。

美国体育课程改革充分认识到评价工作的重要性。在美国国家运动和体育协会的领导下，美国许多学者和实践一线的教师进行了大量的教学评价研究工作，取得了丰硕的研究成果，如：通过了包括国家形式的评估和健康测试要求，通过赞助评估的研发来实现与国家课程标准的匹配。通过这些努力，美国国家运动和体育协会认识到全国范围评估的重要性。然而，教学实践一线的具体评价工作似乎并没有得到明显的改善。有调查表明，美国大多数州不要求州范围的体育评价，在2001年和2006年分别有15.7%和29.4%的州要求有体育评价，但是变化不大，不具有显著性差别。2006年只有不到三分之一的州采取了评估计划，这种情况使体育在近些年关于教学过程评估的教育改革中远远落后。有学者强烈建议，内容标准和评估在体育中应该成为不可分割的整体，它们是提高体育责任所必需的要素。然而实际情况是，三分之二的州仍然没有采用全国范围的体育评估，这反映出对于学生学习来说，体育计划期望值低的传统，以及缺乏授课时间进行评估。为加强全国范围评估实施的程序问责，与教育改革的其他领域保持同步，体育领域还需要更多的努力。

俄罗斯联邦政府教育部于 2005 年根据普通教育国家教育标准制定了体育教学大纲，规定了评价的领域，包括"了解和认识""能力要求""展示身体训练水平"三个方面。评价体系从过去"随意性大"的"3-4-5"等级评分制度向更加客观的数量指标评定体系转变。但是，体育课程和教学的评价体系也纳入了一些主观的评价方法，比如自我评价。如：五年级"评价从事体育练习效果"包括自我监督、记自我观察日记（含身高、体重、胸围、姿态、脚形等变化）、自我测验、体育练习时测量心脏收缩频率。这表明自我评价在学生学业成绩评价中的地位越来越重要。

我国的体育课程和教学评价，自 21 世纪初以来，随着教育改革的不断深入，发生了很大变化。在充分借鉴西方国家课程评价思想和方法的基础上，我们形成了自身的评价体系，将定量评价和定性评价、教师评价和学生自我评价、终结评价和过程评价相结合，同时，还开发了一些实用的评估工具。但是，改革过程中由于受到应试教育体制的影响，在各学段最后的升学考试中，对学生的体育学业成绩的评价也出现了"考什么，学什么"的评价方式，对中小学正常的体育课程产生了严重的负面影响。这使得课程改革中形成的积极有效的评价思想和方法不能很好地体现其教育和教学的功能。

（二）过程性评价和终结性评价相结合，强调过程性评价

自 20 世纪 70 年代以来，西方国家和日本普遍接受了美国学者布鲁姆的过程性评价理论，由此人们开始对终结性评价的优势和弊端有了深刻认识。终结性评价目的在于对学生进行等级评定，其评定结果主要用于与学生和家长进行交流，使学生认识到自己的成绩和不足以及需要努力的方向。但是，由于这种方法是在单元或阶段学习结束时进行，因而失去了评价的有效反馈功能，对激励学生学习，提高学习效果，以及帮助教师改进教学意义不大。过程性评价则重视发挥评价的反馈功能，通过采用各种评价方法和工具，经常对学生学习和教师教学进行评估，并将结果及时反馈给学生和老师，以便及时发现和解决教学和学习中出现的问题，从而实现对教学和学习的有效控制。目前，美、英、日、加等国的体育教学已经普遍采用了过程性评价。中国和俄

罗斯也开始重视过程性评价的教育功能。

（三）体育课程和教学评价方法和工具日趋多样化

普遍采用的评价方法有教师评价、自我评价、学生互评；经常采用的评价工具有纸笔测验、技术技能测试、健康测验，也有教师观察、口头测验、日志、讨论、投票表决和角色扮演以及学生档案等方式。评价方法和工具的一致性，说明各国体育课程改革过程中进行了及时的相互学习和借鉴工作。

五、体能或健康测试

不同国家对待体能（或健康）测试的态度和做法有很大差别。一般而言，大多数国家都有自己的学生体能（或健康）测试计划，但很少要求学生必须进行健康测试。美国多数州没有州授权的体能测试，事实上要求体能测试的州的数量在不断减少。2001年有15.8%的州授权测试，而2006年下降到7.8%。日本也有定期的学生体力测定计划，但测试结果不与学生的体育学业成绩相联系，只是用来为教育部门制定决策服务，为学生及家长了解学生体力状况和发展水平服务。我国的健康体能测试是国家体育锻炼标准，于1990年实施，2013年12月16日废止，取而代之的是新版国家体育锻炼标准。在我国学校一般实施的是《国家学生体质健康标准》。过去，由于各级教育部门和学校都将学生体质健康测试达标情况与三好学生评选、奖学金评选和学校体育工作绩效结合起来，以至于达标测试成了必修的体育内容。这种做法导致了许多弄虚作假的事情发生。新版体质健康标准如何实施，对学校体育工作影响很大，我们拭目以待。

第六节 我国体育教育的反思

自2001年我国基础教育课程改革实验区开展《体育与健康课程标准》实验以来，《课程标准》的精神和内容得到了实验区广大教师的充分肯定，体育与健康课程的改革为体育教学带来了新的气象，也取得了显著的成绩。然而，与此同时以《课程标准》实验为标志的新一轮体育课程改革也带来了一些新的问题。为此，新体育课程设计者在汲取新课程改革实验经验教训和各方意见的基础上，于2011年底推出了修订版的《体育与健康课程标准》。目前正值修订版课标不断推广之际，反思新体育课程改革中存在的问题并对其加以正视，有益于新体育课程改革的深化和完善。

一、体育课程改革的理论性

课程的改革离不开理论的指导和牵引，对课程改革的理解和认识应该具有一定的哲学视角，具有一定课程理论和学科教学理论的指引，将新课程改革建立在经得起实践检验和时间沉淀的坚实理论基础之上。我国新一轮的基础教育课程改革虽有其相应的课程设计理论基础，但应该看到的是，由于特殊的历史原因，我国课程理论的研究曾一度中断，而近20年来虽取得了丰硕的成果，但在课程设计的研究方面依然存在着理论程度不高、指导实践乏力、重引进轻继承吸收、研究主体单一、视野狭窄以及研究滞后于课程改革实践的需要等问题。

客观地讲，基础教育新体育课程改革是在我国体育课程理论研究成果还比较缺乏的条件下进行的。在这样的条件下，其体育与健康课程标准的研制无疑是一次大胆的创新。但这种创新的理论基础是什么？其课程设计的根基有多深？在理论上的准备是否充分？其设计是否经过了比较充分的论证？涉及本次课程改革设计的一些重大理论问题，比如，体育课程的本质是什么？其课程设计的逻辑起点是什么？其课程编制的基本原理是什么？我们能否套用一般文化科学课程编制的基本原理来建构体育课程？体育课程和体育与健康课程在本质上有无区别？是否只是称谓上的变化？两者在课程设计上遵循的课程构建原理是否相同？以"身体练习为主要手段、突出健康目标的课程"应该按照什么逻辑设计？按照运动和健康两条主线设计课程在逻辑或原理上是否成立？我们的课程设计是否进行了哲学、社会学、教育学、体育学意义上的深入思考？……这诸多问题我们是否已经研究清楚？如果课程的改革在理论上准备不足，就会影响其进程[①]。对此我们必须给予充分的重视。

这次新体育与健康课程改革，广大体育教师对其充满了期待。实验伊始，一线教师更是热情投入，积极努力，但随着实验的不断深入，一些问题也逐渐暴露出来，出现了"淡化运动技能教学""赶时髦，搞形式主义""体育教学虚无化"等倾向。值得注意的是，一些优秀教师和老教师甚至不知道怎么上体育课了，一些新体育课的观摩示范给人以内涵不深、作秀表演的印象……随之而来的争论也越来越多。课程改革

---

a 邵玉玲，史曙生，顾渊彦. 体育课程导论[M]. 北京：人民体育出版社，2005.

实践层面出现的问题必然和其指导改革的理论有着千丝万缕的联系。因此，我们应该重新回到体育课程改革设计的一些基本前提问题上来思考。比如，体育课程的本质是什么？其课程设计的逻辑起点是什么？其课程编制的原理是什么？体育课程与一般文化、科学课程的依存的本体是什么？体育课程编制的原理与其他文化科学课程有何异同？体育与健康课程名称的变更是否只是称谓上的变化？体育课程与健康教育课程有何本质的区别和内在联系？两者在课程设计上遵循的课程构建原理是否相同？如果说不同的话，又该如何融通？以"身体练习为主要手段"应该按照什么逻辑设计？"以学习体育与健康知识、技能和方法为主要内容"又该如何建构？其中的知识、技能、方法是什么关系？他们和身体练习又是什么关系？手段和内容以及课程目标之间的关系应该如何处理和协调？按照运动和健康两条主线设计课程在逻辑或原理上要注意什么问题？我们的课程设计有无哲学、文化学和社会学意义上的深层思考？作为课程基本功能的文化性、教育性在课程设计实施层面又该如何体现或落实？……诸多问题确实值得我们今天认真思考。

二、新体育课程的目的性

本次体育与健康课程改革，旗帜鲜明地举起了"健康第一"这面大旗，将其作为我们课程改革的指导思想，其进步意义不容置疑。但体育与健康课程是否应该是"以增进中小学生健康为主要目的的课程"，是否应该是"突出健康目标的一门课程"，却受到了人们的质疑。虽然我们欣喜地看到，修订版的《体育与健康课程标准》已经意识到先前对课程性质定位的不准确性，在课程性质上补充了"以学习体育与健康知识、技能和方法为主要内容……培养学生终身体育意识和能力为主要目标"这样的描述，但由于其在课程设计整体思路和基本结构上并未进行大的调整，因此，其课程的目的定位是否准确，仍然值得推敲。

根据最初的《体育课程与健康标准解读》说明，体育与健康课程在课程性质上并不是体育和健康教育的"合科"，而是"以身体练习为主要手段"，它"与其他文化课不同"，"主要是一种技能性的课程"。如果我们仔细研读实验版的课程标准就会发现，课程的主要手段——"身体练习"是无力承载起课标中的诸多健康教育目标及其内容的，其课程标准的具体目标内容与其课程性质及其承载的使命之间具有明显的不协调之处。有鉴于此，在修订版的课程性质阐释中，已明确地把课程的主要学习内容—体育与健康知识、技能和方法相并列,使健康教育的内容有所落实。然而,课程目的定位层面的问题依然存在。如课程的主要手段与课程的主要内容是什么关系?它们和课程的目的及目标又是什么关系?小学阶段是否应该以培养终身体育意识和能力为目标?小学和初中阶段在课程目标的定位上是否有所区别?增进学生健康的目标到底应该落实到什么层面?是方向层面还是达成层面?等等。

不能否认,健康问题已经成为影响人类可持续发展的"世界性问题",加强学校健康教育是大势所趋。我国体育与健康课程"突出健康目标",也反映了当代社会发展对体育教育提出的新要求,其初衷是好的。但必须正视的是,国外体育与健康课程多是合科课程,有的健康教育甚至是独立课程。

根据美国联邦健康和服务部(US Department of Health and Human Services)资助的研究表明:通过每周 1.8 小时的健康教育教学将会使学生在健康知识和态度方面出现可测量到的增长和改变,并伴随一些行为的变化。其他研究同样表明,健康知识的增长始于 15 个小时教学之后,尤其对 4 至 7 年级的学生而言,在 1 学年中,需要 45 至 50 小时的健康教育教学才能影响其态度和实践,而要取得健康知识学习、健康态度及其行为变化的最佳效果则需要大约 60 小时的教学时间。因此,美国健康教育者认为,每学年(从学前班至 12 年级)要达到最低的健康教育的教学效果,用 50 小时的课堂教学较为适合。为此,美国几大健康教育协会还专门制定了相应的《国家健康教育标准》。由此反观,我们的体育课以"增进健康为主要目的"和"突出健康目标"的初衷是否只是一种良好的愿望?这确实需要我们反思。

课程的功能是确定课程目的的重要依据。虽然课程的功能具有政治、经济、文化等多重性,但在其多种功能中,课程的文化功能最为重要,课程的基本功能是传递和选择文化。从这一基点出发,体育课程也不例外。虽然体育课程在育人这一本质功能方面与学校体育相同,在增进健康、娱乐等功能方面也有其重叠性,但体育课程毕竟是在继承和传递文化的过程中存在和运行的,其健康、娱乐等功能是作为体育课程文化功能的结果发生的。曾几何时,我们的体育课程改革以增强体质为核心使命,广大体育教师也为此付出了很大的努力和心血。但让我们难堪的是,我们的体育课程改革一直未能有效遏止学生体质健康水平持续下滑的局面。这种难堪局面的出现,是否应归因于我们多年来体育课程改革的失败呢?仅靠每周两到三个学时的体育课能否解决这一综合性的教育甚至社会性问题呢？

其实，增进健康涉及的因素远比增强体质还要多而复杂，其健康目标的实现也较体质增强的实现更为艰巨。虽然体育课程在增进学生健康方面具有不可推卸的责任，但体育毕竟不是增进学生健康的唯一手段。增进学生健康需要依靠学校教育、家庭教育与社会教育的有机结合才能得到解决，并非《体育与健康》一门课程可以包打天下！因此，体育与健康课程要承担起超越自己系统能力的使命，何其沉重！如果我们对此没有清醒的认识，体育课程也许会因为如此艰巨的使命而不堪重负。

课程是应该具有文化使命的，体育课程也不例外。学校体育及其体育课程自近代出现以来，无论是近代以体操为主要手段的体力训练时代，强调国民性格塑造和爱国主义的教育，还是现代以游戏、竞技运动为载体的"新体育"理论时期，热衷人格养成和民主教育，体育课程的提倡和设计者从来就没有忘记过其课程的文化使命。然而，由于我国转型社会时期文化发展的困局（文化传统的丧失、价值观的混乱、人伦道德的滑坡等）和刚性思维、实用主义、工具理性的使然，我们似乎已经淡忘了体育课程的文化使命。然而，这些问题已经引起了我国社会的普遍关注和政府的高度重视。在当前"深化教育领域综合改革必须坚持立德树人的基本导向"，而这一导向的"本质要求是育人为本、德育为先、能力为重、全面发展……"虽然，体育的育体性或健康增进性自可不言，但决不能忽视其立德树人的使命。体育课程依托的本体主要是运动，而运动在本质上就是一种游戏文化。从这个角度讲，体育课程的游戏特质必然赋予其文化使命。因此，体育课程的文化使命如何彰显，特别是在课程目的及其目标层面的构建中是否应有一席之地？健康维度的追求是否能够完全代替人的教化层面的德育维度？体育课程在顶层设计上是否要有一个文化的视角目的？如何厘清其目标体系的构成：哪些是认知维度的？哪些是能力维度的？哪些是体能维度的？哪些是素养维度的？哪些是教化维度的？……这些问题，我们不应该反思吗？

三、体育课程改革的现实性

任何课程的改革都有其存在的现实基础，必须以其现实条件为依据，如果脱离了这一基本的前提，其课程改革必然收效甚微。本次课改的主要理论支柱"后现代主义""人本主义"和"建构主义"都是西方的舶来品。教育理念中充斥的各种"后现代主义"话语，让使用现代汉语思维的读者无法准确把握，致使许多研究成果无法被一线教师接受、

第三章 国际视野下的体育教育专业教学实践改革

理解、应用和创新。国外先进理论的价值不可否认,但它有特定的适用情境,是否可以直接移植,需要仔细甄别和筛选。西方课程理念的实施环境毕竟与我国课改的实施环境有不小的差别a。我国和世界体育课程的发展历史表明,体育课程的发展具有世界性与民族性并存的特点。但体育课程的世界性并没有出现国际贸易、经济活动中的"国际接轨"的现象。恰恰相反,其世界性带来的却是各国体育课程民族性趋势的加强。而这种民族性则是各国在建立适合本国国情和文化传统的体育课程方面所做的努力的结果。

因此,我们的体育课程改革固然要朝向世界学校体育发展的趋势,要学习和吸收世界发达国家学校体育发展的先进经验,与世界学校体育的发展接轨。但同时更应清醒地认识到,我国毕竟与已步入后现代文明时代的西方发达国家不同,目前尚处于社会主义发展的初级阶段,尚未完成真正意义上的现代化;况且我们更是一个优质教育资源紧缺的大国,各地政治经济、文化教育发展很不平衡,学校体育的整体硬件条件还比较薄弱,体育师资的水平良莠不齐。在这样一个基本国情下,简单的"拿来主义"恐难成功。因此"拿来主义"必须建立在对基本国情的认识基础之上,必须使拿来的东西"本土化",否则必然"水土不服",脱离实际。比如,此次新课改中,在高中阶段实行选项课教学本应是当前体育课程改革的一个亮点,其方向也是对的。但鉴于目前我国多数学校较为紧缺的体育硬件和体育师资的专业素养,又有多少学校能够实现真正意义上的选项教学呢?有调查研究表明,北京市中学体育设施、师资、专业项目的结构,直接影响了学生的专项选择范围和兴趣培养[b]。北京市的教育资源配置应该在全国属于较好的。北京市的情况如此,全国其他省市的情况就更可想而知。如果多数学校目前尚不具备选项教学实施的必要条件,那我们的选项课教学应怎样过渡变通呢?

又如,这次课程改革,以目标统领教学,将课程内容的选择权利向学校下放,这无疑是一种进步。但是,由于新课标提供的"目标引领教材内容"的范例非常有限,也没有提出"目标引领教材内容"的具体方案,因此"目标引领教材内容"还只停留在课程理念上,而把具体操作问题留给了第一线的体育教师。有研究表明,由于新课标没有像以前的体育教学大纲那样非常明确、具体地规定应教哪些内容,使得长期习

---

a 程福蒙. 关于基础教育课程改革问题的反思[J]. 当代教育科学, 2006(02).
b 张振明, 胡晓琛. 北京市高中体育选项课教学的现状调查与对策研究[J]. 西安体育学院学报, 2005(05).

惯传统大纲的教师感到束手无策。

还应该看到的是，由于历史的原因，我国体育教师的课程知识素养较为缺乏，目前尚不具备进行课程设计和选择组合教材的能力。更为困难的是，我国目前在体育课程理论方面的研究建树还非常有限，尚无可以用于教师培训的体育课程理论教材。在这样的条件下，地方课程和校本课程的建设如何落到实处？如何使国家课程标准这个"天"和基层体育教学这个"地"之间有机地衔接，真正建立三级课程体系机制？这确实是一个不小的挑战。如果这些问题不能妥善解决，我们的一线教学，就只能是"摸着石头过河"了。虽然，这一问题，已经在课程标准的修订中得到关注和纠正，但这些问题如果得不到真正意义上的解决，那些"扁担南瓜进课堂"的异化体育教学还会打着地方课程或学校课程资源开发的帽子接连不断地出现在我们的体育课中。

四、体育课程改革的针对性、连贯性

体育课程改革的目的说到底，无非是要克服其存在的问题，而改革能否成功在很大程度上也取决于对其问题有无清晰的认识。改革开放以来，我国的体育课程教学一直处于持续的改革调整之中。30多年来，我们的体育课程改革有何得失？哪些值得我们今天很好地借鉴？哪些需要我们扬弃或继承？哪些问题是困扰和影响我们改革深化的深层问题？新一轮的体育课程改革是否真正切中了这些问题？

新一轮基础教育课程改革伊始，有些人为了宣传新课标的优越，把大纲时代的传统体育课程作为批判的靶子，并通过"新课标"与"旧大纲""课标课"与"大纲课"、

"新教师"与"旧教师"的比较，否定传统的体育课程与体育教学[a]。但是，课程改革只有建立在对以往问题的深刻认识基础之上，其改革才会明确而有针对性。否则，改革就会盲目，就会偏离其初衷，甚至错误地改掉本不该改的东西。不容否认的是，在新一轮的课程改革中确实存在着一定的盲目性。比如，我们"在改革知识教育弊端的过程中误以为知识不重要，导致轻视知识传递的倾向"的出现。

这种倾向在新体育课程改革中同样有所表现。例如，新课程标准实验版在体育学习领域的划分中将认知发展这一最基本的目标排除在了五个领域之外，而修订版依然没有将其纳入。虽然体育课程在其本体构成上有学科的特殊性（如身体运动的实践性），但体育课程教学难道就不需要学习体育运动的文化科学知识？就不应该有一个认知规

---

a 赖天德. 体育课程与教学改革在继承与创新中发展[J]. 体育教学，2006（01）.

律贯穿的主线吗？更令人不解的是，课程标准为什么又要在五个领域的具体水平目标中或者四个方面的内容中，遮遮掩掩地夹杂着诸多认知学习的目标呢？难道过去大纲时代的"三基"学习就完全错了？学生增进健康没有科学知识的指引是否行得通？终身体育意识和能力的培养就不需要体育知识的武装和运动原理的指导？为什么我们还要讨论体育课程教学应不应该"淡化运动技术教学"这类最基本的问题？在改革知识教育弊端的过程中，我们体育课程及其教学切不可从一个极端走到另一个极端，决不可轻视知识的传递。

我国著名教育家吕型伟先生在新课程改革之际，呼吁人们要学点教育史。这种呼吁可谓用心良苦。"时代每向前迈进一步，都要唤起人们反思一下历史，以便弄清楚自己背靠的是什么，自己起点在哪里，自己处于历史发展链条中的哪一环。"中外课程改革的经验教训告诉我们，在课程改革中，如何避免"推倒式重来"是改革者必须深思和谨慎处理的问题。体育课程改革毕竟不是搞运动，而是一个渐进的过程，正如一棵树的生长会有年轮的印痕。如果仅凭着一股热情，难免会做出不切实际的事情。课程的改革从来都是建立在原有课程基础之上的。我国大纲时代的课程设计经验并非一无是处，而第二代体育课程晚期的改革设计更是有诸多可借鉴之处，它凝结着老一辈体育课程专家和许多优秀体育教师的智慧和心血。对此，我们应该有所借鉴，决不可妄自菲薄。第二代体育课程改革存在什么问题？有哪些好的经验？而新体育课程的实验有哪些得失？哪些需要继续修改完善？哪些需要继续保留、一以贯之？……这些问题确实需要冷静思考和认真总结。否则，我们的课程改革总是处于大的变化和波动之中的话，就真的应验了一线教师们的那种感叹了："课改像月亮，初一十五不一样"。

五、体育课程改革实施的操作性、反馈性

课程的改革是一项复杂的系统工程，牵一发而动全身，尤其是改革实施的具体操作主体——广大一线教师直接决定改革实践的发展。因此，要将课程改革落到实处，就必须充分考虑广大一线教师对课程改革的认同和接受性。新的体育与健康课程，其课程设计有两条主线，其一是增进健康，其二是运动技能发展。因此，其课程改革虽不是健康教育和体育教育的合并，但也绝不是课程名称字面上的简单变化，课标中提及的诸多健康目标究竟在实践环节如何达成，对不熟悉健康教育的体育教师确实是一个不小的挑战。且不论高中1学分的健康教育内容能否落到实处，"新课标"五领域

或四内容中心理健康、社会适应下的诸多具体水平目标在具体课堂教学中如何具体落实达成，对许多教师来说也确是他们深感困惑的问题。有研究表明，新课标过于复杂、难于操作是课改后体育教师面临的问题，也是推行新课标的第二大阻力 a。

课程改革包括三个不同的阶段：第一阶段是做出使用课程计划的决定，称为"发起"或"动员"阶段；第二阶段是实施或最初使用阶段；第三阶段是常规化或制度化阶段。国内外课程改革的经验教训显示，课程改革的成功有赖于切实有效的课程实施。因此，体育课程改革的成功与否很大程度上取决于体育课程实施的实际效果。在我国以往的体育课程改革中恰恰忽视了课程实施这个重要环节，而对课程方案和改革结果之间的实施过程的切实考察较少。有鉴于此，国内课程研究者指出，"国内的课程改革，目前还主要满足于课程规划阶段的改革，而严重忽视了课程实施和课程评价的改革"。在新课程实验初期出现的一些具有示范意义的改革观摩课为什么不像体育课？为什么一些教学经验非常丰富的体育教师也看不懂这类课？并对"课标课"究竟应该怎么上这类问题感到疑惑呢？这的确值得我们深思。体育课程毕竟是操作性很强的学科，如果我们不重视和加强改革实施的操作性，落实其先进的改革理念，说不定真的就会像悬在天上的云彩，令一线教师望而却步，难以企及。

课程改革是一个需要设计论证、实验验证、调整改进、逐渐推进和不断完善的过程。在此过程中，问题甚至挫折的出现在所难免。因此，建立有效的课改信息反馈和评估机制显得十分必要。与一些发达国家的体育课程改革相比，我国新一轮的体育与健康课程改革在设计完成后，对课程标准本身的论证就显得不够充分，学术界缺乏必要的讨论。在这一点上，我们的近邻日本则截然不同，他们在文部省正式出台新的《体育学习指导纲要》前后，总要在一定的时间和范围内，对其指导纲要进行认真而热烈的讨论，以便在正式推广前修订和完善其指导纲要。我国在新的体育与健康课程标准实验初期，虽然对实验的部分结果进行了必要的调查，也得到了部分重要的实验反馈信息，但在目前机制下我们所得到实验反馈信息是否准确和具有信度？其信息的采集的科学性是否有所保证？其反馈信息对课程改革的完善有无价值？这是我们不应回避的问题。当前，随着体育与健康课程标准在全国部分省市的逐步实验推行，我们能否建立起一个相对独立又具有较深体育课程和教学研究经验的"课标"实验效果评估机构，并建

---

a 宋亚炳. 湛江市体育与健康课程标准试验研究 [J]. 体育学刊，2005（04）.

立起科学有效的课程改革反馈调适机制，就显得极为必要和迫切。

六、体育课程改革的学科性

体育与其他学科课程不同，在学校教育中有其存在的独特价值。但需要注意的是，体育在世界上很多国家和地区，仍被看成是一种非生产性的行为，其自身的价值与其他学科相比，占很低的位置。可以说，体育作为学科的地位是在下降的，其存在的价值甚至也受到怀疑，体育教育的地位和处境可谓岌岌可危。为什么体育作为课程的学科地位会下降并受到世人的怀疑呢？这对我们体育教育者和研究者而言，既是一个沉重的话题，又是一个不得不认真深思而检讨的问题。

在我国，由于党和政府一贯重视青少年儿童体质与健康，对体育教育给予了政策和法规上的保障，从而使得体育在中小学乃至大学中的课程地位一直有所保证。近年来，有鉴于学生体质健康水平的持续滑坡，党中央和国务院更是高度重视学校体育工作。无论从2007年的中央7号文件——《中共中央国务院关于加强青少年体育增强青少年体质的意见》的出台，还是十八届三中全会通过的《中共中央关于全面深化改革若干重大问题的决定》中要求"强化体育课和课外锻炼，促进青少年身心健康、体魄强健"的指示中，无不有所体现。

应该说，这与许多国家体育学科地位下降的情况是完全不同的，也是值得我们欣慰和鼓舞的地方。但我们必须正视的是，在一些地方的教育管理部门和学校，在很多学生家长的心目中，不重视学校体育的问题依然存在，学校体育的理论地位和实际地位依然存在着一定的落差，体育课程甚至被一些人视为可有可无的"小三门"，常常受到这样那样的挤占……这种局面的形成固然与我们重文轻武的文化传统和当前应试教育倾向依然严重的现实有关，但就体育学科本身而言，是否也存在着需要我们反省的问题呢？如，我们通过12年的系统体育课程教育后，到底教给了学生哪些体育的人文和科学知识？切实教会了学生运动健身方法？是否教会了学生打球？我们是否使学生的体育意识得到了提升？是否使之能够从文化、科学、教育的角度让学生体悟运动学习的真谛？学生们的运动情感是否确实有所升华？其体育运动文化科学素养和能力是否确实得到了有效的发展与提高？等等。

无需讳言，我们的体育课程在价值取向上曾一度停留在运动手段论的樊篱中难以超越，使得有些人将体育课程等同为增强体质的身体练习课程，把体育的综合性育人狭隘地理解为单一的锻炼身体。而被应试教育倒逼着出台实施的考试体育（中考）和"达标体育"更是让学生和家长将体育简单地与某些体能达标等同对应……这种狭隘的体育观和体育意识，在很大程度上制约着体育课程学科地位的提高。而在当前，由于一些人对新课标的片面理解和新课标本身存在的不完善性，使得体育作为课程的学科地位同样遇到了挑战。例如，新课标实验期间出现的部分所谓"新体育课"观摩教学课上得像演戏一样，使体育课越来越不像体育课，甚至在有些地方，体育教师职业存在的专业性也都受到了挑战。这种现象的本质是什么？如果照此发展下去，体育作为课程的学科地位将来还能否得到保证？对此，我们似乎有必要思考"为什么要开设体育课程？""体育课程作为学科的课程本质及其本体存在是什么？""其课程内容的构成应该以什么为主体？"是否我们看到了体育课程存在的"身体练习性"和"实践操作性"这样一些"特质"就可忽略其应具有的学科性？如果说体育作为学科或者课程构成的本体还有学科性可言，我们为什么对体育运动的知识教学总是要羞羞答答、遮遮掩掩？

由于传统知识观的霸权统治，体育运动作为知识存在的特殊形式从来不被人们所重视，体育运动的学科知识主要建立或依附于诸多的应用学科知识之上。这就使得我们很少对体育自身存在的本体知识加以认真地关注和研究，从而使我们在设计体育课程时必须考虑的一些基本问题被忽略或者视而不见，如体育运动存在的知识本质是什么？其存在的形态有何特点？如何对其分类分层？其相应的学习认知规律是什么？……这些基本问题都是体育课程设计建构时必须明了的基本或者基础问题。如果我们不明了这些基本的问题，我们在作为学科存在的体育课程的顶层设计上只好"摸着石头过河"了。

体育课程要保证其应有的学科地位，就应确实担负起作为学校教育不可或缺的一门学科的责任。因此，在新一轮的体育课程改革中，一方面应在体育课程设计层面加强研究的力度，理清其课程设计必须明了的学科本质与本体构成等基础问题；另一方面，体育学界同仁和广大一线体育教师还应高度重视对体育运动深层教育价值的挖掘，绝不能因为倡导"健康第一"及强调体育课程教学为增进学生健康服务，而把运动仅仅作为锻炼身体的手段看待，忽视其运动的社会性价值与文化价值的发掘和彰显。否则，我们的体育课程就会有被人轻视，其学科地位就有被边缘化的危险。

当前我国新体育课程改革正面临新的发展机遇和严峻挑战。如今重要而迫切的问题，就是要在具体分析是非功过、廓清真实面貌的基础上，及时地认真总结经验教训，扬长避短，继续前行，真正建立具有中国特色的科学的体育与健康课程体系。

第四章 中国体育教育专业实践的改革理念——能力导向

第一节 能力导向下大学体育课程的需求和发展

大学体育课程的发展依赖于社会及社会中的人对体育的需求，这种需求规模的扩大，导致体育课程发展规模的扩大，需求的变化则导致体育课程发展内容的变化，抓住了需求，就是抓住了体育课程发展的脉络。

一、价值需求导致体育课程生活化

随着社会的发展、人们生活水平的提高，不同的生活观和生活方式对学生的生活目标追求产生了巨大的冲击，影响和引导着他们的工作、学习和生活的态度和行为，使得人们更加关注生活、关爱生命、关爱自我。

体育有着完善人们生活内容、提高人们生活质量和形成健康生活方式的作用，与人们的社会生活休戚相关，因此，大学体育生活化成为大学生的发展需求，进而成为大学体育课程改革的主流价值取向。

1942年，我国著名教育家陶行知在《师事新报》副刊《学灯》上发表的《生活教育》一文中就提出了"用生活来教育，为生活而教育"的现代教育思想，这个思想应该成为当今大学体育课程改革的发展导向。

体育的社会价值只有在教育生活化的过程中才能得到充分的体现，体育的价值取向主要体现在以下四个方面：

（1）强调体育具有为社会服务的价值——身体发展和人格形成的教育观；

（2）重视体育业绩的价值——胜利主义体育教育观；

（3）重视体育的社会价值——社会关系和社会联络的体育教育观；

（4）重视体育的满足、享受价值——游戏的体育教育观。

每个大学生的具体价值取向虽不相同，但有一点是相同的，这就是体育越是贴近生活，体育的价值就越能得到实现。由此可见，体育生活化的价值取向反映了时代的需求，它可以容纳大学生体育价值取向的多元结构，成为新世纪大学生的主导倾向。体育教育要实现其"终身体育"的教育目的，其教育理论、手段、方式等都必须具有有效性，必须满足学生的需要。针对教育的有效性，陶行知在《湘湖教学讨论会议》一文中指出："最好的教育，要想它有效，须是教学做合一。"由此可见，实现终生体育就要力求使教育、学习与实践密切地结合起来，在做中学，在学中做，而教育课程的生活化正是实现这种理想的重要途径。由此可见，教育生活化是终身体育的理念得以实现的必然途径，体育课程的发展趋势也必然如此。

现代社会发展导致了人类个体价值取向的多元化，在大学生从事体育运动的过程中，除了和基础教育的高中阶段相同地形成稳定爱好和专长的价值取向外，还出现了职业体育、生态体育、时尚体育、生存训练等众多的价值取向，而这些价值取向的实现，也同样可以通过体育课程生活化得到实现。

二、拓展需求导致课程概念的延伸化

随着时代的发展，大学生的体育需求也在进一步地拓展。在时间上，大学生不再满足于固定的每周2课时体育课，他们希望自主选择时间，有针对性地从事体育运动；在空间上，大学生也不再满足于在田径场、篮球场上从事运动，跑步离开跑道，跳跃离开沙坑，打球离开球场是体育课程拓展的时代特征。走向社会、走向生态、融入自然将是大学生开展体育活动的重要选择。在体育课的组织形式上，大学生已经不再满足于夸美纽斯倡导的那种正规课程：按照由固定大纲教材、固定学生组成的教学班、固定教师、固定时间开设的正规课程，这种组织方式已经无法满足大学生拓展的体育要求。为了满足大学生在体育上的拓展需求，体育课程必须在时间上、空间上、组织形式上实现重新组合，重新开发，而这种重新组合与开发的必然结果是体育课程概念得到了延伸。

在体育狭义课程开发的基础上，我们引进并开发了广义课程的概念，广义课程除包括原来的正规课程以外，还包括校内活动课程、校内外比赛与训练、课余体育俱乐部活动、体育节与校园文化、社会活动课程、社会文化体育服务及社会文化体育市场、个人体验的课程。

在显性课程的基础上，我们还必须开发体育的隐性课程，在现实课程开发的基础上，我们正在设计符合新时代学生新需求的新型课程，这就是对潜在课程的设计与开发。

课程的开发使体育课程的概念不断延伸,深圳大学的体育教学俱乐部,北京大学的完全开放式等体育课程开发思路,均是在冲破了传统的体育课程概念的前提下实现的。

三、个性需求导致运动技术的多样化

一谈到运动技术,人们总是把目光定位于具有国际比赛规则制约的正规的运动项目上。运动技术离不开那些正规的运动项目,这已成为体育专家学者、竞技比赛的运动员,乃至普通大学生约定俗成的观念。但是,时代在发展,大学生对运动项目和运动技术自身进行不断地分化与重组。

运动项目和运动技术的分化与重组导致了多元化的格局,这种多样化体现在何处呢?第一,对在社会生活中存在的文化体育形态进行重组和改造,创造了新型的体育项目。有些原本是一种艺术表演或表现,我们把它改造成了体育项目,如街舞;有些原本是社会娱乐场所中的一种游戏,我们把它引进为体育项目,例如保龄球。第二,我们对正规的运动项目进行游戏化改造,使它成为适应大学生需求的运动项目,例如娱乐化、游戏化的篮、排、足和田径运动等。第三,我们从人类为适应生存需要在自然生态环境中开展生存训练中,提取了适合于大学生开展的项目,如攀岩、定向运动、翻越障碍墙、过断桥等。上述新兴的运动项目和传统的正规项目在一起,形成了运动技术多样化的新格局。运动技术多样化以大学生个体需求的多元化存在为前提的,这种多元化是满足学生个性发展的必要条件,也为学生的个性化发展提供了可能。目前,以北京大学为例,该校为了满足学生的个性化需求,开设的体育课程有四十余种,成立的体育协会达23个。可见,个性需求要求多样化的技术来满足,多样化技术的传授需要学校开出各种不同项目的课程供学生选择,课程模式和类型的多元化也必然成为发展的趋势。

四、分层需求导致了课程的小型化、课题化

根据马斯洛的理论,人们的动机是由其内在需要驱动的,我们可以把这个理论简化一下,即"需要—动机—行为",由此可见,人们的行为和动机就是根据其心理需要的不断变化而有所不同。马斯洛还认为,在人自我实现的创造性的过程中,产生出一种所谓的"高峰体验"的情感,这是一个最激荡人心的时刻,是人的存在的最高、最完美、最和谐的状态,满足这种状态需求的体育课程将是最佳的选择。

怎样才能在体育课程中造就一个"自我实现的创造性"过程呢？又怎样才能在体育课程中出现一个学生情感体验的"离峰"过程呢？这是反映大学体育课程改革区别于基础教育的最重要的一个特征。满足上述过程有两个基本条件，其一是满足需要的针对性；其二是情感体验的期限性。

大学生的体育需求是不同的，有人为了娱乐，有人为了取胜，有人为了交流，有人为了调节紧张的学习生活。为了实现不同的需求，就可以开设不同的课程，大学生的不同需求更明显地反映在体育需求的层次上。同样是学篮球，有的人是学会了一种娱乐健身的方法；有的人是学习掌握先进的技术以参加比赛；有的人是为当裁判，以利于参与社会生活；有的人把它作为一种体育文化，而提高其鉴赏能力，这就反映了逐级提高的需求层次，为了实现这种不同的需求层次，也就可以开设不同的课程。开设上述课程，一方面具有明显的针对性，同时又不必授课时间过长，因为大学生已经具备独立思考能力、自主学习能力、自我展示能力，通过短时期地引导，进一步的深化由学生自行解决，这是大学体育课程向小型化、课题化发展的第一个理由。

大学生的需求满足是实现情感体验达到高峰的前提，不仅如此，情感体验的高峰出现是具有一定期限的，重复过多，时间过长，必须引起情感体验的回落。因此，满足学生特定需求的特定课题，以较短的期限开设小型化、课题化的体育课程具有事半功倍的作用。怎样开设小型化、课题化的体育课程，在大学的体育选修课中，就可以开设，在大学体育的必修课中以单元形式向学生开设。至于课程的内容，同样是游泳课，可以开设的课题为"实用游泳——潜水作业""实用游泳——救生""实用游泳——负重过河""竞技游泳——蛙泳"等，而学习时间一般几周即可。

关于小型化、课题化课程的开设，在北京大学和深圳大学的体育课中，已经开始实施，这些学校在开设小型化、课题化的课程中，已经积累了一定的经验。

五、信息需求导致体育课程的网络化

在大学体育课程改革的进程中，建立起如此复杂的课程结构，开设了如此众多的体育项目，又涉及成千上万学生参与选择学习，甚至开设了广泛的体育运动俱乐部，这将如何管理和操作呢？

面临体育课程改革出现的巨大信息流，唯独采用网络化的措施才能解决问题。北京大学体育课程开设的选学项目共有四十余项，建立体育协会有二十多个，准备发展到四十余个,在这样的背景里,全校联网,网上公布教师名单、教师资历与专长及开设课程的项目与要求;网上实行选课,网上实行课的评价,这不仅简化了管理程序,而且提高了管理的效力。

由信息化带来的网络化,必将有更为广阔的发展前景,可以设想,如果可以实行大学间跨学校选科学习,如果允许大学生参与社会体育组织或社会文化体育实体,并承认其学历和给予相应的学分数,高校体育课程改革将与体育社会化进程同步,此时的网络化将不再局限于校内,将扩展到社会,高校体育课程网络化的巨大功能将能进一步地体现。

第二节 能力导向下以"终身体育"为导向的个体发展

1978年在联合国教科文组织通过的"体育运动国际宪章"中指出:"确信有效地行使人权的基本条件是每个人能自由发展和保持自己的身体、心智与道德的力量;因此,任何人参加体育运动的机会均应得到保证和保障;必须有一项全球性的、民主化的终身教育制度来保证体育活动与运动实践得以贯彻于每个人的一生。"

过去,不少人把体育运动理解为运动场上选手间的比赛,也有人把它理解为学校里的各种体育实践,总是把重点放在社会上某一年龄段的一部分人身上。现在的观点就不同了,从事体育、从体育中获得收益的应是社会上所有的人,应是从胚胎形成直至死亡的整个人生的全部过程。这个观念也是宪章中特别强调的观念。

大学生进入了学校教育的最后一站,他们即将走向社会,在最后阶段的学校生活中,确立终身体育的理念,养成终身体育的习惯,将是他们今后个体发展的保证。

一、生活教育及发展方向

生活教育早就被我国伟大的教育家陶行知所提倡,但体育教育中应当如何体现生活教育,特别是大学体育课程中如何体现生活教育却是值得我们关注的问题。笔者认为,大学体育课程中的生活教育也可以说是生活体育,可包含两层含义:其一是体育贴近生活,使体育适应现代化生活的需求,为现代生活服务;其二,以现代生活为依据,特别是在现代生活中出现的生态危机和生存危机的现实中，发现并涵造出新型的体育活动内容，为解决这些危机而提供新的体育教育方式。

从教育贴近生活、为现代生活服务的层面来观察大学体育，其内容包括了生活和时尚。所谓贴近生活是指那些在日常生活中容易开展的项目，例如，学生进入到工作单位后很难从事足球运动，但羽毛球、乒乓球却能在工作单位中找到实践的场所，而做操、打太极拳、行走和跑步则很容易找到练习的场所。

大学开展的各种体育运动中，有不少项目具有鲜明时尚、生活的气息，这些运动项目是当代大学生喜闻乐见的。例如篮球、排球和网球运动，它有平民化的生活时尚特征，也是社会生活中的主流文化。体育不但从各个方面影响着人们的生活方式，而且还影响着人们的生活质量。伴随着中西方文化的日益交融和国际一体化进程的加快，体育作为生活的时尚已经在开始影响着国人的生活观念，逐渐在转变人们的生活方式、提高生活质量和健康意识等方面发挥了应有的作用。

为缓解生态危机和生存危机而开发的新型体育项目正越来越受到人们的关注。生态体育，要求人们走进良好的生态环境中，在大自然中陶冶身心，例如野游、定向运动、登山等生存训练，要求我们通过体育活动，提高对突发事件的处理能力，从生存危机中得到解脱，例如攀岩、合力过桥、求生自强等。

二、身体教育与发展动态

1979年扬州会议提出了"学校体育以增强体质为主"，虽然对体育的心理发展与社会适应方面的功能强调不够，但当时却纠正了单纯地关注基本知识、基本技术与技能，忽略了身体发展的状况，从实践的观点来看，扬州会议在我国学校体育史上是值得一举的。

增强体质的价值导向不应忽视，体育的身体教育功能应当引起足够的关注，但是，在有关身体教育的理论问题上，当前却有一定的变化与发展，例如对身体素质的分类方面，提出了和运动技能与比赛取胜相关的身体素质和与健康相关的身体素质（身体适能），其内涵是不同的，认为跑得快、跳得高所反映的速度、爆发力等，不属于和健康相关的身体素质的范围，而有氧耐力、力量、柔韧和身体成分所组成的素质与健康更为相关。

三、情感教育与发展动态

情感是个人对特定对象在评价基础上产生的体验，如喜欢与厌恶，热爱与淡漠，愉快与不满等。有些人对参与体育运动从喜爱到迷恋的程度，有的人可能对体育活动缺乏热情，这都是情感反映。情感发展依赖的是良好的学习环境和人际关系，人的情感在体验中培养，在冲突中升华。

体育在人的情感发展方面有着特殊的功能，体育学科区别于其他学术性学科的一个重要特征就是它能促进情感方面的发展。情感发展属于非智力因素的范畴，由于体育教学过程中，学生角色扮演多样，信息渠道畅通，条件变化多端，因此有利于非智力因素的开发，也为体育的情感教育发展创造了条件。体育过程具有广泛的社会性，可以接触到广泛的人物，如家长、教师、同学等，更重要的是受到体育实践活动的影响。

体育运动包含着人们所具有的所有情感过程，是人们社会生活中休闲娱乐和放松身心的重要手段之一。体育活动常被人们视为愉快、高兴、娱乐、兴趣、兴致的同义词。因此，提倡快乐体育是课程的重要价值取向，开展娱乐性体育项目也成为体育课程改革的重要措施。娱乐体育的核心是游戏与比赛，一些正规的比赛，可改造为娱乐性的游戏，社会上人们喜闻乐见的娱乐内容也可作为大学体育开展的内容。

四、竞技教育与发展动向

竞技运动是大学体育的重要内容。由于竞技运动项目具有全球性的比赛规则，就容易实现全球性的交流，更容易实现大范围的普及。我国在20世纪初，学校体育开展的是兵式体操、徒手体操和器械体操，1923年才把"体操科"改为了"体育课"，到了20世纪30年代后，竞技体育项目才真正地逐步在学校中开展起来。竞技体育项目在学校中的开展，标志着现代体育走进学校、走进课堂，极大地提高了广大学生的兴趣，对学校体育的发展起到了决定性的推动作用。

20世纪60年代以后，国际竞技运动有很大发展，在高度重视竞技运动发展的同时，竞技运动向高强度的负荷、高难度的技术和高精度的方向发展，人们逐步认识到竞技体育运动在向职业化发展过程中，正越来越和竞技体育产生初期的娱乐、健身目标发生了抵触。高水平的竞技运动和人的一般发展的体育运动相抵触的趋势至今还存在着。

20世纪80年代初，我国的一部分体育专家针对高水平竞技运动远离健身的教育目标的这一事实，提出竞技不是体育的观点，要把竞技运动排除体育教育的园地。直到今天，还有的专家把竞技与学校体育对立起来。

事实上，竞技运动是具有若干层次结构的概念，高水平的竞技运动不适合一般学校学生的需要，但适合一部分有竞技天赋的学生，竞技运动仍然是学校体育的主要内容，因此，学校中的竞技体育不应当忽视，它是学校体育中的重要内容。当然，大学体育更是如此。

竞技运动是个性化倾向非常强烈的一项活动，是人们日常生活中展现自我的主要行为方式，在运动竞赛中体现出来的对胜与负的态度、荣誉感、团队合作意识和拼搏精神，处处体现着人们的个性特征和自我表现意识。因此，大学体育课程中，一定要把竞技教育置于重要的地位。

我国基础教育阶段的体育课程中，竞技运动项目是重要的教学内容，特别是在高中阶段，形成稳定的爱好和特长已成了课程目标的特色，所指的专长基本上指的是竞技运动项目的专长，例如从事足球、篮球、排球、游泳等项目，竞技教育有其特殊的功能，它能使学生的个性得到充分发展，实现自身的价值。

我国传统的大学体育课程内容划一，缺少生气，不能符合学生个体发展的需要，忽视了体育这门学科的人文精神。但是，当前很多大学开展体育课程改革，开设了选项课，或者如北大、清华那样完全由学生自主选择学习内容，或者像深圳大学那样让学生自主选择不同的教学俱乐部，虽然改革的方式不一样，但开设的内容却相似，都基本上包括了各种竞技运动的多种项目，可以供学生和教师选择的。这说明竞技教育无论是在今天，还是在将来，它将永远是大学体育课程的重要组成部分。大学竞技教育的开展，将为学生稳定专长的形成、个性的发展提供了保障。

五、保健教育与发展动态

体育工作和卫生保健密切结合，这历来是我国体育事业发展的一条重要经验。大学体育课程也必须以"健康第一"的理念作为指导思想，这是不容置疑的，但是以"健康第一"指导下的体育课还是体育课，难以用"体育与健康课"加以整合的。健康教育有广泛的内容，通过1周2课时的体育课是无法完整地实施的；此外，体育课以身体练习为主要特征，而健康课程以掌握理论知识为主，两者难以融合在一起成为一门课程。健康教育的内容和体育关系密切的部分是可以融合到体育课中的，但是，仅限于安全、健康地从事体育运动这一部分，还包括采用运动处方的原理和方法，将其应用于体育课的实践之中。

根据上述分析，保健体育在大学体育课程中是可以结合起来的，但这种结合是有限的。保健体育体现在大学的体育课程之中，这就要用健身原理来指导体育课，以保障体育教学的安全与有效。此外，有一项内容是应当特别关注的，这就是在体育课中广泛地利用运动处方的知识，使体育课程进一步实现其科学化。健身运动处方常见的有健美运动处方、有氧运动处方、调节体形形态的运动处方以及养生运动处方，运动处方在体育课程中的理论和实践部分均可以实施，但其重点是指导学生的运动实践，重在操作，讲究实效。

第三节 能力导向下以"同步推进"为总体路径的发展思路

"同步推进"是指体育课程改革与大学总体改革相同步；体育课程改革与体育社会化进程同步；体育课程改革与体育产业开发同步，最终目的是通过大学体育课程改革，提高大学体育的整体实力与学术水准，使大学体育成为我国体育发展的主要支柱。

一、体育课程改革与大学总体改革相同步

体育课程改革需要配套，需要与大学总体改革的发展同步，这是历史的经验。说到同步，有两种不同的状态。第一种是大学总体改革为体育课程改革创造了条件，要求体育课程必须改革；第二种是把体育课程作为龙头，促进大学全面改革。对上述两种情况可以各举一个实例。

北京大学是属于大学总体改革为体育课程改革创造了条件，要求体育必须改革的典型。北京大学的总体改革，实行了开放自主的课程管理新模式，全校各门课程均实行网上选课、学生自主构建的开放式教学，在这样的条件下，迫使体育课程也必须改革。目前北京大学开设四十余种体育课程，举办了二十多个体育协会，体育课程完全体现了自主开放的特点。

首都经贸大学长城旅游学院则表现为以体育为龙头，促进学校全面改革的特色。该校指出，通过体育课程改革，"内拓潜能、外展形象"，带动全校整体推进。该校

所以能以体育课程改革为龙头，这是因为旅游专业和体育专业极为接近，旅游本身可以作为广义体育的组成部分。此外，体育有其自身的特征，它可以成为推进整体改革的动力，这种特征表现在体育课程改革可以扩大社会影响（成果的外显性推进全面改革（影响的延伸性）；树立学校风范（学生身心发展的渗透性）；开拓旅游市场（教学质量和经营水平同步推进）。

二、课程改革与体育社会化相同步

大学体育课程改革可以成为体育总体改革的组成部分，从而推动体育社会化的进程。这种进程可以表现在教师校际兼课、学生校际选课上，也表现在大学体育设施向社会开放，社会体育设施向大学开放，这和当前社会体育区域化构建及社区体育发展动态是完全相适应的。这种进程更可以表现在基础教育的体育发展和大学体育发展的贯通上，这和当前高水平运动队完成小学、中学、大学"一条龙"训练的发展动态是适应的。特别应当指出的是当大学体育网络进一步和社会体育网络贯通以后，信息渠道更为畅通，体育社会化的步伐更能加快。

三、体育课程改革与产业开发相同步

把体育课程改革与产业开发密切结合起来，这是首都经贸大学长城旅游学院的改革思路。该校位于北京北郊，毗邻长城脚下，它本身就是一个旅游景点。因此，该校的体育课程改革和旅游景点中的拓展运动基地的开发同步推进，体育课程改革与建立学生的实习基地同步推进。当景点和基地开发完毕，对内的教育事业开发和对外的旅游产业开发可以同步推进，对内的无偿服务和对外的有偿服务也可以同时推进，这是一个体育课程改革与产业开发同步推进的良好设备。

上述不同发展的构思，促进了体育的社会功能，为体育课程改革促进总体发展提供了新思路。为了促进体育事业的总体改革，在体育管理体制改革的蓝图中，高校体育的作用更为突出的显示出来。当体育的政府机构实行简政放权后，社会办体育的作用将得到加强，作为人才汇集的大学，特别是北大、清华、上海交大等全国一流的大学，必将加强自己在体育领域的学术队伍，成为体育科研的重要力量，此时这些学校的体育事业将有更大的发展，这不仅显示在高校自身的体育改革方面，显示在对高水平运动员的培养方面，更显示在对政府的体育咨询方面。目前，很多大学引进人才，以提高学校的人才优势与学术层次，这种发展动态有望使那些学校迅速提高办学层次，力求新的时期临之时，高校体育的学术研究力量成为主导我们体育发展咨询的源头。

第五章 能力导向下体育教育改革的内容与实践

第一节 能力导向下大学体育课程目标设置

一、关于体育课程目标

在实际应用中,"体育课程目标"一词往往被"体育教学目标"所取代,并理解为体育教学过程中教学双方预期要求达到的目的或结果。实际上,这是一个认识上的误区。体育课程是指广义的体育课程,它包含了体育课堂教学、课外体育锻炼以及运动训练,体育课程目标的实现取决于体育课堂教学、课外体育以及运动训练的有机结合。体育课程目标中包涵了体育教学目标,体育教学目标是其中的重要组成部分,二者并非对等关系,不能相互替代。同时,课程标准最终要检验的是学生是否达到了预期的学习结果,而不是教师有没有完成某一任务或是否达到了某一目标,因此,体育课程目标应是以学生为出发点的,目标的行为主体是学生,而不是教师。所以,我们将体育课程目标定义为:学校教育阶段学生通过体育教育过程(体育课堂教学、课余锻炼、运动训练等)预期达到的目的或结果。

二、课程目标的研究现状与趋势

通观我国各级各类学校的体育课程目标,存在三个缺陷:

第一,以总体目标代替具体目标,导致各级各类体育课程目标过于笼统,缺乏层次性。总体目标是在我国学校素质教育全面育人的思想指导下,对学校体育教育目的的规定。而具体目标则是体育实践环节为满足学生需求和为实现具体的教学或训练的要求而设定的目标。我国《学校体育学》将我国学校体育目标定为:"全面锻炼学生身体,增进学生身心健康;掌握基本知识、基本技术、基本技能,为终身体育奠定基础;培养学生良好的思想品德,陶冶学生情操"。以总体目标取代具体目标,从小学、中学一直到大学,不分对象,不分层次,直接导致教学、训练实践中师生对目标的模糊。

第二，侧重显性目标，忽视隐性目标。布鲁姆将教学目标划分为三个领域：知识、情感、技能。其中，知识、技能领域的目标根据评价标准可以测量呈显性态，而情感领域的目标较难把握，或者实践中没有明确的情感目标，导致了体育教育实践中单纯的知识教育、单纯的技能教育或单纯的体质教育。

第三，对具体目标的认识有待加深，目标领域有待扩展。在美国，虽然各州都有自己的体育课程计划，但目标领域却大致相同。例如，在威斯康星州，有一种体育模式，其目标具体可分为：积极的生活方式（Leading an Active Lifestyle）、发展身体技能（Physical Skill Development）、学习能力（Learning Skills）、理解体育与健康（Understanding Physical Activity and Well Being）、提高健康的体适能（Health-enhancing Fitness）、尊重他人的行为（Respectful Behavior）、对体育与运动多样性的理解（Understanding Diversity）。我国教育部下发的《全国高等学校体育课程教学指导纲要》对体育课程目标在领域上也有了突破。

第二节 能力导向下大学体育课程内容体系

一、大学体育课程内容设置现状

体育课程的设置基本依据于三个要素：第一，以学生为中心，强调学生对体育的需要、兴趣和目的；第二，以学科为中心，强调要根据体育学科知识内在的性质和逻辑结构来组织学习课程；第三，以社会为中心，强调通过体育课程的学习使学生担负对社会的改造或适应能力。

纵观我国高校体育课程内容的改革历程，过去我们过分地强调了体育学科的逻辑结构，在大学阶段延续了中小学开设的内容，这种"炒冷饭"的内容设置方式受到了广泛的批评与质疑，结果是：学科的内在性质没有很好地挖掘，至今也没有建立起系统的体育学科知识，而且，忽视了大学生的认识水平与体育需求，造成学生喜欢运动但不喜欢体育课的现象。

基于此，为了生存与发展，各高校普遍开始了体育课程改革，在内容设置上由以学科为中心转向以学生为中心。我国高校体育课程已经出现了多种模式，在课程内容的安排方面也各有特色，尽管各校课程内容有显著差异，但基本是以学生为中心的内容设置。以学生为中心设置体育课程，不仅拓展了体育课程的内容，而且废除了全国统一的教材分类体系，每一所学校完全可以构建适合本校特点的教材分类体系。但废除统一的分类体系，并不是不要体育学科知识的系统性，而是构建科学的体育课程体系，必须考虑学科之间的内在联系，否则教学就是一种无序的行为，就丧失了体育蕴涵的文化魅力，体育还会走回过去那种"身体的教育"。

二、大学体育课程内容确定的原则

教学内容的选择，必须依据体育课程教学指导思想，并以实现课程目标为准则。具体地说，高校体育课程内容的选取应遵循以下原则：

1. 健身性与文化性相结合

任何知识体系都是建立在一定的世界观和方法论的基础上的，体育的基础在于体育文化，没有文化形成不了体育，也发展不了体育。不能简单地把高校体育看成是跑、跳、投以及球类活动上。发掘体育的文化内涵以满足高校大学生强烈的好奇心和求知欲，形成正确的体育价值观。同时，要把"健康第一"的指导思想作为确定课程内容的基本出发点，选取适宜发展学生身心的内容来构建课程内容体系。

2. 科学性和可行性相结合

教学内容必须保持与学科发展相适应的规律性，在基本理论与基本技术方面，能反映出学科发展阶段的特征，并不断更新。同时，要根据各学校、各地区的条件进行选择，更要考虑大学生的身心发展规律和兴趣爱好，并真正为学生所用。

3. 民族性与世界性相结合

"洋为中用，古为今用。"中国传统体育有着丰富的文化内涵，蕴涵着丰富的养生保健知识，传统体育走入课堂，让学生理解历史与我国优秀的传统文化。在世界文化交融的时代，保持自己的传统特色。同时，引进国外的先进教材内容，使体育教材具有时代感，并与国际接轨。

三、高校课程内容体系

高校体育课程确立了以发展学生的身体素质、增进健康、提高体育素养的总体目标。其中，发展身体素质、增进健康是对中小学体育目标的延续，是大学生正常身体发育、增进身心健康的需求；体育素养包括认知、技能、情感、操作方面的要素，根据大学生的身心特征以及健康教育、个性教育、终身体育的指导思想，大学体育课程内容应该覆盖体质、生理、心理、道德、人口、生物、哲学、健康等学科。目前阶段，我国高等学校不论其体育课程模式有多少种形态，但其中课程形式仍然得到了保留。根据观察，目前大学体育课程一般设有基础理论课、理论选修课、选项必修课、专项选修课、提高课、训练课、保健课。基于此，我们确定了大学体育课程内容应包括：理论知识性内容、技能性内容、情感性内容、操作性内容。

（一）理论知识性内容

体育与健康知识是体育课程教学不可缺少的内容，在理论课上应对这部分内容进行有效调整，设计出符合课程目标并适应学校实际的、适应不同课程开设需求的内容。在实践课中，渗透相关的体育理论知识是一项重要任务。这类相关知识不仅仅是技术知识，还应包括应用项目进行健身的知识和方法、项目的历史渊源与传统习惯。例如，体适能是人们以增进健康而有针对性发展的身体活动的能力，北京大学在开设具体运动实践课上，也教授与健康体适能有关的知识和方法，如体育活动对改善有氧体适能、肌肉力量和耐力、柔韧性、身体成分作用的知识和方法。

（二）技能性内容

把体育定位于"以运动为基础的教育"，就是以体育运动作为手段，以实现身心和谐、健康的发展，并促进社会适应能力。参与体育运动，不讲究方法与手段只是一种盲目的运动。目前，运动实践课教学依然是大学体育教学的基本形式。但是，实践课教学不再是以竞技运动项目为中心，而是为实现终身体育打下体质基础、技能基础、兴趣基础。技能性内容中包括：

1. 全面发展身体的内容

旨在帮助学生发展有助于形成体力充沛、健康生活方式的知识、技能、态度和行为，从而达到终身体育活动的目的。

2. 竞技类内容

在美国、澳大利亚等国家，盛行竞技体育教育模式。美国俄亥俄州立大学的西登托普有一个非常有名的理论："娱乐是发自于内心的，为了要娱乐身心，我们首先要做自己愿意做的事情。"事实上，很多竞技项目有比较强的群众基础。一些新兴的竞技运动项目也引起学生的极大兴趣。只要在教学实践中对这一类教材进行合理选编，淡化竞技，注重健身，掌握这部分技能对于开展学生的课余锻炼、余暇体育锻炼、培养自信都有极大的帮助。

3. 防身类内容

将拳击、武术、散打、摔跤、柔道、跆拳道、空手道、擒拿格斗等动作进行实用组合教学，通过学习，学生从理论上提高自卫防身意识、预防能力及自卫防身技能。

4. 保健与生存技能内容

以运动生理学、运动医学、康复医学等运动人体科学的知识为基础，以中国传统养生体育和西方体育疗法相结合为康复手段，通过学习，学生能根据自身的健康状况制定科学的运动处方，从而达到增强体质或疾病康复的目的。

（三）情感性内容

目前，很多高校普遍设置了选项课，学生根据自己的兴趣爱好选择自己喜欢的项目，利用一些项目培养学生勇敢、顽强的精神，例如，一些大学设立了攀岩、定向越野等新兴的运动项目，学生在运动中体验挑战自然、挑战自我的乐趣。情感教育体现在各种运动活动的过程中，一般不容易以独立的教材出现。

（四）操作性内容

学生应用在课堂上掌握的体育与健康知识能在课外活动、参加体育俱乐部及学生体育协会活动时进行实际操作，来培养体育意识和能力。根据大学生的身心特点与课程目标，大学体育课程操作部分的内容应包括：自我健康状况测量与评价、生存与自救（游泳、自卫防身）、对自我锻炼效果的评价、运用适宜的方法调节自己的情绪、自觉通过体育锻炼改善心理状态等。这也符合学校体育与健康教育为生活体育、终身体育服务的指导思想。

第三节 能力导向下大学体育课程组织形式

《全国高等学校体育课程教学指导纲要》指出："根据学校教育的总体要求和体育课程的自身规律，应面向全体学生开设多种类型的体育课程，可以打破原有的系别、班级建制，重新组合上课，以满足不同层次、不同水平、不同兴趣学生的需要。"根据这一精神，许多高校在课程设置上都采取了选项课的形式，在组织形式上做了较大的改变，并取得了成功。在总结近年来高校体育课程改革成功经验的基础上，对课程组织形式进行了分析。

一、根据项目重新编班

过去，大学体育课按照院系、班级教授相同的内容，很难满足所有学生的兴趣爱好，忽视了学生的个体差异与兴趣爱好，进行划一性教学，学生上课积极性难以调动起来。通过选项课的形式，学生根据自己的兴趣爱好及能力，会选择适合自己的项目。根据项目重新编班，整个班按照统一的进度进行授课。这是基于学生水平差异不大的情况下进行的，整个班可以视为同质，只要教师合理运用，同等水平更利于促进学生之间的竞争；但是学生间的差异是很难消除的，这种差异同样可以促进学生之间的互帮互助。同时，根据项目重新编班，可以使来自不同院系的学生加深彼此间的了解以及不同专业间的沟通。

二、男女合班与分班

大学体育课是男女合班好还是分班好，这一问题似有争议。南京理工大学的一份问卷调查的结果显示：51.3%的学生认为合班好，31.7%的学生认为合班分班均可以，只有17%的同学认为分班好。从学生心理上来说，大学生其实更希望更多地了解异性，通过与异性的交往，克服自己害羞、不善交际的缺陷。教师在内容安排和考核上尽量避免性别差异，精心组织、合理安排，只要教师教学指导得当，这种方式对于调控课堂气氛、激发学习热情往往会有意想不到的效果。目前，南京理工大学普遍推行了男女合班上课，所有项目不限男女，几乎所有项目都有女同学参加。足球、拳击、散手、舞龙舞狮等项目也不再是男生的专利。

三、A 型与 B 型授课

在日本体育教学理论中，有两种授课方式。A 型是指无论什么教学单元，在一个学年均以同一教师负责到底的授课方式。B 型是指在一个学年中，由于教学单元的变化，教师也随之变换的授课方式。这种方式在我国部分高校正在尝试。通过选项课形式，一般一个教师负责一个学期、一个项目的教学，实践课教师进行与项目相关内容的教学，体育理论则由专职教师进行授课。近年来，随着大学体育教学改革的深入，学生对体育课程的自由度也在加大。学生不仅可以自由选项目，还可以选教师、选上课时间。从体育教师的知识结构以及能力来看，本着对学生负责的原则，B 型授课方式应是今后体育课程教学推行的方式，即实践课教师负责项目教学单元，理论课教师主管理论知识单元。

四、体育单项俱乐部和学生体育协会组织

课内外、校内外的紧密结合是 21 世纪各类学科课程体系改革的一个显著特点。但是在具体实施方面，却有着不同的方案。第一种方案是体育课与体育单项俱乐部明显分开。在体育课堂上学习体育知识、技能、方法，在课余根据自己的兴趣爱好参与到单项俱乐部与学生体育协会组织的活动中。学生具有较大的自由度，可以依据自己的实际情况处理好体育锻炼、专业学习与业余生活的关系，学生的参与意识增强。同时，在单项俱乐部和学生体育协会中，学生的组织能力和活动能力都得到了培养，更好地使知识传授与能力、意识培养相结合。教师只起辅导作用，这种方案的实质是：课内学习知识与掌握方法；课外锻炼身体、发展技能。第二种方案是以体育单项俱乐部为体育课程的主要形式，全校学生都自主选择，参加俱乐部，俱乐部开设和专项有关的教学课，称为教学俱乐部。

第四节 能力导向下大学体育课程方法手段

传统的体育教学法一直是采用运动技术教学法。所谓运动技术教学法，是指教师把运动技术传授给学生所采用的一些手段和方法，其直接效果是使学生掌握运动技能。我国《学校体育学》介绍了各种体育教学原则，如积极自觉性、直观性、系统性、连贯性、可接受性和巩固性原则；讲解、示范、练习、纠正错误动作，完整或分解方法等。这些原则和方法都是围绕着学习技术、形成技能，掌握专项理论知识为中心展开的。它以技术为中心，忽视了人的发展，扭曲了体育以人为本的自然本质，虽然教师可以根据教材的特点实施教学，但在实际操作中往往强调教师的权威性，忽视了学生的主动积极性，结果是教师教得累，学生的主动性没有调动起来。传统教学的弊端在于：任意夸大和绝对强调教师的主导作用，教师是教学活动的主宰。

随着教学改革的深入，体育教学指导思想的变化，大学体育课程目标也随之发生了改变，培养学生运动技能不再是体育课程教学的主要目标，从终身体育的角度着想，培养对运动的兴趣，形成体育意识与习惯，提高体育能力才是体育课程教学的最终目的。

这就意味着，以往运动技术教学的手段与方法，已经不能适应现代体育课程教学的需要。从发展的眼光看，现代体育教学应注重发展学生的个性，尊重学生的个性选择，在师生关系上更加民主，在教学上强调学生的兴趣与主动积极性。同时，大学体育课程教学还要根据高校学生较强的自律和认知水平，在课堂教学中更加开放，更多地应用启发式、合作式、探究式的教学。这也是大学体育课程教法手段发展的趋势。

一、手段方法个性化、多样化

传统的体育教学方法，注重整体而忽视个体，强调统一而忽视了学生在能力素质上的差异性，以统一的要求、统一的标准，统一的教育形式和方法，企图塑造同一规格的人才。因而不能因材施教，方法手段的应用上针对性差。在教法手段上，应力求实现因材施教，注意个体学习的参与度，培养学生的兴趣与体育运动的参与热情。因此，在教学活动中，将个体的活动作为体育教学过程的重要环节，在教学中，给学生自学自练的时间和空间。

二、启发、引导为主

现代教学论已经实现了以知识（技术）传授为价值取向到以学习主体为价值取向的转变。这决定了教学应从以"教"为中心向以"学"为中心的转移，学生是学习的主体，教师的作用在于引导、启发，加强学法指导，实现学生的自我构建，自我发展。高校学生的认识水平已经达到了一个较高的水平，任何事情并不需要教师面面俱到的重复，设定问题情境，让学生从解决问题的角度着手思考，既调动了其主动积极性，又让学生在问题解决中学会学习，学会思考，教师只须引导、启发。这也是对学生主体性教育的一个重要的方式。

三、注重情感类方法

在传统教学中，教师是教材的组织者，教学过程的组织者，主宰着教学的一切活动，学生的一切活动都在教师的控制之下，突出教师的权威性，教师与学生是建立在一种不平等的关系之上的。这也就造成了这种教学突出技能传授的有效性而忽视了学生的个性心理发展。现代教学论认为，一切教学活动都要以学生的心理状态向着预期的方向发展，才有利于实现定向培养。为了实现学生身心协调发展的教学目标，应把学生的情感放在一个重要的位置。

四、方法、手段、功能扩展化

一般来说，教学方法或手段都有很强的针对性，一种方法手段具有一种或两种作用，这有利于针对不同的目标选择。以往教学方法的功能主要集中于认知或传授功能，随着体育课程目标领域的扩展，课程所采用的手段、方法就必须在功能上进行拓展，如方法、手段应体现出认知、协同、能力培养、兴趣需求、情感发展、自主学习等多方面的功能。这就意味着在达到一种主要目标的同时，还应达成各种不同的目标，实现教学目标的科学化和均衡化，体现出现代教学方法、手段的科学化、综合化发展方向。

五、方法、手段的现代化

现代信息技术的发展，促进了体育教学手段、方法的现代化，也加速了体育课程教学的开放化趋势。在美国，基础教育的体育课程一般开设到12年级，相当于高中毕业，在大学阶段一般不设体育课。学生的能力通过基础教育与中学阶段的学习得到了培养，具备了较高的自学能力，通过网络学生可以学习体育与健康知识。目前，国内在硬件与软件上（主要是学生自主学习能力）都有差异，这决定了我们在大学学段，可以根据条件利用现代教育技术开发体育课程教学的手段与方法，在学生的体育与健康意识增强的同时，进一步扩大体育课程教学的开放程度。

第六章 高校体育教育专业教学改革策略与实践

"专业"一词有两种含义，从高等教育学讲指高等学校划分的学习领域，从社会学讲指必须经过专门、系统的教育方能胜任的特殊职业或专业性职业。要认清体育教育专业的发展趋向，不仅要立足高等教育学的"专业"角度，而且应从社会学角度对"体育教育专业"进行考察。以培养体育教育人才为本位目标的体育（教育）专业是体育学类的传统专业，也是普通高校体育院系得以存在和发展的主体或支撑专业。社会对体育教师教育的要求由"量"的满足向"质"的追求的转移以及师范教育专业化理念的提出，使得基于旧有认识对该专业进行的局部、表层和零散改革的局限性日趋明显，而给予新理念、新思想的全面系统深刻的改革已是必然。

20世纪80年代以来，通过教师培养质量的提高来促进学校教育质量的改善，已是各国的普通做法。一方面，素质教育思想的提出，健康第一理念的确立以及体育与健康教育相结合实践的发展，对体育教师的培养质量都提出了新的要求；另一方面，高等教育学科、专业结构的变迁及其向"宽口径、厚基础、强适应"方向的发展以及体育学类专业设置结构的发展趋势，对作为体育学类主体专业的体育教育专业的改革也提出了新的要求。显然，无论从学校体育改革发展的需要，还是从专业结构改革的趋势要求来看，对以培养体育教师为本位目标的体育教育专业的发展与改革进行研究，都具有十分重要的意义。

一、体育教育专业改革的背景和趋势

教育的复杂性决定了任何教育环节的改革都必须置身于与教育改革发展有关的广阔背景中，才能把握自身改革的必要性、可能性，并作出理性的抉择。课程改革作为当前高等教育教学改革的重点和难点，其改革的背景不仅多样，而且复杂。体育教育专业既属于高等教育的专业，又属于高等师范教育的专业，也是体育学类专业的一种，其课程改革不仅与基础教育密切相关，更与体育尤其是学校体育直接相连，因而，其改革的复杂性更甚。因此，认识这些有关的宏观及微观的改革背景，将有助于对体育教育专业整体改革的把握。

（一）高等教育改革的重心转移

注意力从数量增长转移到质量提高是当今世界高等教育改革的主流，以提高教育质量为中心是当今世界高等教育改革的共同特征。由于教学在培养人才中的主渠道作用以及课程被看做是教学的中介或媒体，课程也被视为培养人才的"蓝图"。因而，世界高等教育改革的重心必然向教学领域转移，并最终转向教学内容，即课程领域。也就是说，教育改革所关注的重点已由致力于增加教育财力、物力投入，逐渐转向加强教育内容、教学过程对学生发展、社会发展的适应性和提高教育质量上来。受世界高等教育改革重点转移以及我国社会政治、经济和文化发展的影响，开始于20世纪80年代初的自下而上的零散的高等教育改革，到20世纪90年代初出现了实质性的变化，改革的重心开始移向教学领域。1994年原国家教委制定并实施"面向21世纪高等教育教学内容和课程体系改革计划"，标志着这场教学领域的改革由自发变为自觉，并向深层发展。1998年颁布的新本科专业目录即是这场改革的有关产物。与此相适应，我国体育院校的教育、教学改革，20世纪80年代以来也经历了以专业的扩张、追求规模的外延发展到以缩减专业规模、追求提高教育质量为主的内涵发展的历程。我国体育本科专业的设置，经历了从20世纪80年代初的泛化（专业名称多达29个）到1988年的9个、1991年的7个直到1998年的5个这样一个从盲目的专业扩张到趋于科学化、规范化的历程。当前，根据新的人才培养要求进行各专业课程体系改革已是体育院系的重点工作，这可以说是自1998年新的专业目录颁布后又一轮新的课程改革。由此可见，体育院、系教育改革重心向课程领域的转移，是对国内外高等教育改革进程的必然反映，也是高等教育发展规律的逻辑体现。当然，体育教育专业作为体育类各专业的本体专业，其课程体系的改革也自然是体育院校及高等师范体育系教育教学改革的重点。

（二）"师范教育"向"教师教育"的制度性转轨

制度化学校教育在教师任用上的"能者为师"现状彰显着教师专业性的苍白，人们开始寻找、反思这种教师教育价值的失落。那么，师范教育立足社会、服务社会，不断提高自身和教师职业社会价值的规律和资本是什么？答案似乎只有一个——教师职业专业化。这一命题显然超越了是否以独立设置的师范院校进行教师的培养和训练、师范性与学术性哪个更重要、教育类理论课程应该占多大比重等一系列"不是问题的问题"。因为自师范教育成为一个相对独立的教育领域以来，师范教育活动发生的载体在不同的时代、不同的国家可能各不相同，师范教育存在的模式也可能多种多样，但其培养专业化教师的基本职能是永恒的，这是决定教师教育性质的本质特性之所在，我们以往师范教育的很多困惑恰恰都是源于对这一核心价值理解的偏差。

要体现教师的专业性，原有的"师范教育"就必须实现向"教师教育"的制度性转轨。2001年《国务院关于基础教育改革与发展的决定》第一次在政府文件中以"教师教育"替代了长期使用的"师范教育"概念，提出"完善以现有师范院校为主体、其他高校共同参与、培养培训相衔接的开放的教师教育体系"。政府文件的概念转变必然会随之带来相应的制度转变，因为概念是对特定事物本质特征的反映，是对特定事物外延和内涵的抽象概括，当事物的特征发生了本质上的变化，原有概念就不能包容事物的新特征，必然会酝酿和产生新的概念。教师教育的内涵丰富，在内容上包括文理科学的一般教育、所教学科领域的学科专门教育以及教育专业教育和学校情境中的教学实践；从顺序来看有职前培养、入门适应和在职培训；从形式看有正规的职前学校教师教育和非正规的校本教师教育；从层次来看有中师、专科、本科和研究生教育。国外的文献中普遍使用的概念是教师教育而不是师范教育。使用教师教育概念，从空间上说，教师培养的空间扩大了，教师培训的渠道也拓展了，打破了原来"单维"的空间渠道，教育空间由大学为本转向大学与中小学的伙伴合作，教育实践环节和实践工作者在教师培养及专业发展中的作用得到高度重视，如联合教师培训制度的建立，大学教育学院与中小学校之间关系的确立，大学与地方政府之间关系的建立等，都是这种空间渠道扩展的表现；从时间上看，打破了教师只培养不培训的时间观念，使教师的培训具有合法性和合理性的基础；强调教师的职前教育和在职进修的连贯性，使教师能够保持持续性、阶段性的成长；从内涵上看，教师教育目标由培养"作为技术员的教师"转向培养"作为专家的教师"，教育过程由以行为科学为基础转向以认知科学和质量研究为基础，教学模式则由传递—训练模式转向了反思—实践模式。

相比社会上其他专业而言，各科教师同属于一个专业群体，但是这个专业群体的实际存在状态是由大致按学科划分的各学科教师小群体所组成，即使在当前学科综合化的大背景下也不例外。如果承认一个教师在以"知识爆炸"为特征的现代社会不可能成为"全科"专业教师的话，那么各学科教师的专业化必然存在差异，这种差异必然是以整个教师为研究对象的一般教师专业化理论所不能兼顾的。而各学科对如何培养本学科专业化教师并以此作为专题进行研究的很少，多是在论及现代学科教育改革及教师教育改革时稍作涉猎，研究不系统，不深入，这说明教师专业化研究还没有针对具体学科形成相应体系。体育学科也不例外，我们应该致力于构建体育教师专业化理论体系，这一理论体系一方面从一般专业学理论和教师专业化理论寻求理论支撑，反过来又可以进一步丰富教师专业化理论。推行体育教师教育专业化是对教师专业化这一世界性潮流的顺应，是深化学校体育改革和提高教育教学质量的需要，也是体育教师职业可持续发展的制度保证，它还可以为现代体育教育学科体系的发展促生新的增长点，进而带来整个高等体育教育质的飞跃。体育教师的培养也应突破学科专业本位的窠臼，在大学普通文理教育的基础上进行专业化训练，建立具有硕士和博士水准的中等教育专业。

（三）教师教育改革的专业化发展

作为高等教育组成部分的高等师范教育，除教育教学改革必须以课程改革为中心，以保持与高等教育教学改革中心相吻合之外，在其课程领域改革中也应表现出自己的一些特点。这些特点在课程改革的思想方面，主要体现在师范教育的专业化及师范教育的一体化对高等师范教育课程改革取向的影响上。

首先，基于提高师范教育地位、教师地位以及提高教学质量的目的，在吸收发达国家师范教育思想与实践经验的基础上，我国师范教育界近年来提倡师范教育专业化、教学工作专业化、教师职业专业化的理念，并在理论和实践上作出了努力。这一理念在有关法规及文件中也有所体现。师范教育专业化理念的主要精神是将教师职业当做专门性、专业性职业看待，将教学工作当做专业性工作来认识，进而要求师范教育不仅应具有专业学科的学术性，更应有教育学科的学术性，即把师范教育看作是双专业教育，认为高等师范教育培养的人才不仅要达到一定的学科专业水平，而且要达到一定的教育专业水平。这一理念表现在学制上，即要求延长学制；表现在课程上，即要求加强教育学科体系的建设与完善。在传统的学术性与师范性关系的认识上，师范教育专业化的理念提倡应在更高水平上进行专业的整合，认为高等师范教育应是一种高层次的专业性职业教育，师范性就是体现高等师范教育的专业性和特色；认为师范性包含了学术性，学术性是具有高等师范教育特点的学术性，因而也包含着师范性；学术性和师范性对高等师范教育来说并不矛盾，是有机统一于高等师范教育的一个问题的两个方面，统一于高等师范教育培养目标和提高教师的职业化水平上。师范教育专业化理念表现在课程上，要求从教师职业的专业性角度去审视师范教育课程体系，认为高等师范教育课程体系不应再以学科专业为本位，而应达到体系结构在更高水平上的均衡，构建专业学科、教育学科和通识课程相整合的课程体系，并特别提倡加强学科教育学这一"边缘学科"的建设，注重专业学科课程与教育学科课程之间的相互渗透与融合。因此，重视教育学科体系的构建与完善以及学科专业课程与教育类课程的渗透与融合，按专业化要求体现教育类课程的科学性、先进性，是当前高等师范院校各专业课程改革的基本要求。

提高师范教育的专业化程度，不仅是国际师范教育发展趋势的实质要求，也是我国师范教育面向未来的必然选择；提高师范教育的专业化程度，不仅有助于教师地位的提高，而且有助于教学质量的提高。虽然发达国家早在20世纪50、60年代已提出教师职业专业化问题，而且，1966年国际劳工组织和联合国教科文组织在《关于教师地位的建议》中已提出应把教师职业视为专门性职业，但这种理念并没有得到很好的实践，以至于在1986年美国卡内基教育和经济论坛发表的《为国家培养21世纪的教师作准备》的报告中仍然强调并提出了提高教师教育专业化水平的问题，可见，即使在美国这样一个发达国家，要提高教师的专业化水平也有大量的工作要做。而在国内，教师的专业化还只处在初级阶段。虽然如此，我国在这方面已做出了努力，对教师的学历标准做出了相应的规定，教师资格证书制度也得以颁布实施，教师的地位得到了很大程度的提高。但从根本上来说，提高教师教育专业化程度进而推进基础教育教学质量的提高，关键还在于教师教育的改革，而改革师范教育的课程使之符合教师教育专业化的要求，则是问题的核心。

其次，师范教育一体化思想对高等师范教育课程改革的影响也是深刻的。受终身教育思想的影响，一次性本科教育的教师培养思想正被人们抛弃，取而代之的观点是，教师这一专门性职业的发展、成熟是一个多阶段的教育、实践过程。一般认为，教师教育可分为职前、职后两大阶段。职后教师职业专业化的发展又可分为多个阶段，有学者根据国内外研究将其分为适应和发现期、稳定期、试验期或重新评价期、平静期和保守期、退出教职五个阶段。这就是说，本科师范教育仅是教师专业成长的一个重要环节，教师职业的成长并非在师范教育阶段（职前）就可完成。既然教师职业的专业化过程是多阶段过程，那么教师的职前教育就不可能解决教师专业化的所有问题。因此，师范教育的外延应扩大，即要在制度上和课程上对师范教育提供全程支持，并体现不同阶段的特殊性。这实际上与终身教育的思想是相通的。这一思想对本科师范教育阶段课程改革的意义在于：应根据教师专业发展相应阶段的特殊性进行改革，而不能试图以一次性的本科教育解决教师专业发展的所有问题，也就是说，应注意本科师范教育对教师专业成长作用的有限性，不能以优秀或成熟教师的标准来直接设计本科师范教育的课程目标。

（四）学校体育改革发展的趋势

1949年以来，学校体育在曲折的发展过程中遭受过挫折，也积累了经验。改革开放以后，学校体育的理论和实践进入了新的发展时期，表现出思想的多元化与实践的多样性、丰富性。近些年来，在以应试教育为主导倾向的基础教育向素质教育转轨的进程中，学校体育的思想与实践也发生了根本性变化，这些变化对体育教育专业课程改革提出了较直接的要求。

在指导思想方面，20世纪80年代初学校体育是以增强体质为主导思想的，是在传授运动技术、技能为中心的思想模式下开展体育活动的。自从1990年《学校体育工作条例》颁布施行以来，增强体质、增进健康的主导思想再次得到确认，增强学生体质、增进学生健康作为学校体育的首要目标，已逐渐成为共识。近年来，随着思想的解放及认识的深入，快乐体育、终身体育、成功体育等多种体育思想也相继出现，人们对学校体育的结构功能与体育教学的结构功能也有了新的看法，明确了体育教学与学校体育在过程、任务、内容及评价等方面的差别。认识的深入及思想的变化，促进了学校体育实践的发展。随着基础教育向素质教育的转轨，从社会、生物、心理等多维看待学校体育的观念逐步形成，重视体育意识、习惯与能力的培养以为终身体育打基础，并将学校体育看做是终身体育一个子系统的学校体育思想也逐渐形成。

在体育教学方面，明确了体育教学与学校体育的区别与联系，逐步确立了以体育知识、技能教学为主的指导思想，并注重卫生保健知识及体育健身基本原理的教学。

逐渐注意到了体育知识、运动技术、运动技能的区别，明确了增强体质与运动技术、技能及运动项目技能的关系。为处理好体育教学中运动技术、技能与增强体质的关系，1996年国家教委根据课程论研究的进展，颁布了《体育两类课程整体教学改革的方案》，将体育课程分为学科课程和活动类课程两部分，并对两类课程的目标及要求作出了规定。体育课教学中追求运动技能提高的模式被打破。在体育教学的内容上，坚持了健身性与文化性相结合的原则，在注重健身性的同时，也考虑内容的文化性，并注意对一些竞技运动项目作"教材化"处理；坚持了民族性与世界性相结合的原则，在继承教学内容以现代项目为主的传统的同时，也重视对民族传统体育内容的引入；坚持了统一性与灵活性相结合的原则，逐渐提高教学大纲规定的选修内容比例，使教学内容在统一的任务与要求的指导下，表现出较大的灵活性。教学任务的多样性，逐渐形成多元化的体育教学模式。在课外体育方面，重视课间操、课外体育锻炼与课余运动训练；在内容上提倡丰富多彩，以发挥地区、学校的特色传统；在组织形式上注意形式多样，重视校内与校外的结合，体育俱乐部的形式也开始出现；在课余训练方面，提倡为国家培养体育后备人才，重视课余训练和小学、中学、大学的"一条龙"制度建设。截至1997年，我国已有培养优秀体育后备人才试点中学289所。2001年新的《体育与健康课程标准》颁布，从指导思想上强化并确认了"健康第一"的体育教育理念，促进了学校体育改革的进一步深化。

　　从总体上看，随着素质教育的推进以及对学校体育功能认识的深化，学校体育的发展呈现出以下几个方面的趋势：在指导思想上，更注重社会需求与学生需求的结合，注重个性的发展，注重科学化与社会化的发展，注重体育意识、兴趣、习惯和能力的培养，注重体育与卫生保健的结合，注重体育教学与课外体育的结合以求整体效益的获得。在学校体育内容上，注重健身内容与竞技文化的结合，并注重竞技文化的"教材化"及多种变式的引入，健康及运动文化知识将更多地进入教学内容，地方性、民族性的体育内容也将更多地走进学校。在组织形式上，学生体育俱乐部及学生体育团体将受到更大程度的重视，校内外体育组织形式间的联系也会得到加强。在课余训练及竞赛方面，随着学校体育的发展及运动训练体制的改革，学生课余运动训练与竞赛将会有更大发展，并表现出多层次性特点。学校体育作为体育教师的工作领域，根据上述的发展变化，将对体育教师提出更高的要求，并对现有的体育教师培养模式进行改革，进而对体育教育专业的课程模式提出更高的改革要求。

综上可见，高等教育教学改革重心的转移，要求各高等教育专业要重视专业课程的改革与建设，近些年来体育教育专业的课程改革即是对这一趋势的反映。师范教育向教师教育的制度性转轨以及教师教育改革的专业化理念，对体育教育专业的课程改革提出了新的要求，也提供了新的取向，而学校体育思想的转变与实践的改革发展，对体育师资的适应能力提出了具体的要求，并在体育实践领域对体育教育专业改革提供了较直接的动力。

二、体育教育专业发展中的基本问题

回顾一个多世纪的体育教师教育发展历程，应该说我国在体育教师教育方面取得了巨大的成就，为我国各级各类学校输送了大量合格的体育教师。然而，我们也不可忽视我国体育教师教育存在的大量问题，以及这些问题在体育教师教育领域引发的各种不同的争议。这诸多论争实际上也是体育教育专业发展过程中矛盾的集中体现。对这些矛盾进行梳理也就成为体育教育专业发展与改革的出发点。

（一）教育性质的"通才"与"专才"

长期以来，采用"专才"教育还是"通才"教育，一直是高等体育人才的培养领域的争论焦点之一。这里"通才"强调人才的基础性、综合性和适应性，而"专才"则强调人才的专业性、技能性和职业性。有人认为，高等教育本科阶段在性质上应该仍属于基础教育范畴，体育教育专业教育应该着眼"通才"教育，重视体育师范生的"博"。另一种观点则认为，我国高等教育本科阶段已属于专业教育，体育教育专业教育应该定位在"专才"教育，重视体育师范生的"专"。

（二）价值取向的"理论型"与"实践型"

学科与术科问题是体育教师教育领域的又一典型问题，这一问题实际上源于是培养"理论型"（或称教研型）还是"实践型"（或称技术型）体育教师。传统观点认为：体育教师工作的性质决定了体育教师教育的价值取向必须是"实践型"或"技术型"，体育教育专业课程结构中的术科课程必须得到保证。而另有人认为：要适应目前素质教育的需要，体育教师教育应该由培养"技术型"教师转向培养"教研型"教师，重视体育专业教育中的理论课程，并相应减少术科课程。

（三）专业口径的"宽"与"窄"

1949年以来，我国体育教育专业的专业口径在不断拓宽。主流的观点是：体育教育专业的口径必须得到拓宽，体育教育专业毕业生的社会适应性必须得到提高。然而，不容忽视的是：文、理皆习的"厚基础"可能是"泛"而无"厚"，拥有多项技能的"宽口径"也常是"泛"而无"精"，最终结果将偏离社会发展所需的"效率"、"分工"等基本要义。

（四）课程方案的"指令性"与"指导性"

学界对于体育教育专业的课程方案是体现"指令性"还是"指导性"莫衷一是。官方观点是：以明显"指令性"为特征的专业课程方案可以从某种程度上保证人才培养的质量，避免基层单位在课程设置上的随意自为。"民间性"的观点认为：各体育院、系是培养体育人才直接的执行机构，部颁体育教育专业课程方案只能是"指导性"的，各基层体育院、系应该具有课程设置的主要决策权。

（五）课程结构的"刚性"与"弹性"

体育教育专业课程领域的另一个争论就是关于课程结构的弹性问题。有人认为，要保证体育教育专业毕业生的整体质量，体育教育专业课程结构应该偏向刚性结构，即必修课占主导地位。如果任由学生自主选择，他们必然选择那些容易通过的课程，最终必然会降低毕业生的整体质量。另一种观点则提出：学生是学习的主体，体育教育专业课程结构必须保持必要的弹性，选修课应该在课程结构中占主导地位，特别是增加任意选修课的比重。

（六）运动技能的"高"与"低"

运动技能的"高"与"低"是体育教师培养上的又一争论热点。一般认为，体育教育专业学生至少在一个运动项目上应该具备较高的运动技术水平，这是将来作为体育教师的基本条件。另一种观点则认为，体育教师运动技能水平的高低并不是决定其教学能力水平的唯一因素，运动成绩也并不等同于运动技能水平，过分看重运动技能会得不偿失。

（七）术科课程目标的"技术性"与"教学性"

术科课程目标应该着眼于"技术性"还是"教学性"，是体育教育专业"术科"存在的主要分歧之一。一般认为，体育教育专业术科课程应该着眼于技术水平，学生只有掌握好多个项目的运动技术后才能胜任将来的体育教师岗位，而高等院校良好的教学条件和专业师资也是体育专业学生学好各项目运动技术的重要保障，至于相关项目的教学能力则可以"无师自通"或自然形成。与此针锋相对的观点是，术科课程目标应该着眼于"教学性"，学生掌握过多过细的运动项目技术会花费四年中的过多时间，不仅项目数相对有限，而且只解决了体育教学诸多要素中"教学示范"这一个要素，从效率的角度看并不值得。

（八）体育教师教育重心的"前倾"与"后移"

重心是"前倾"还是"后移"是体育教师教育的又一个典型问题。长期以来，我国体育教师教育的重心一般定位在职前教育上，即通过高等院校培养出高质量的体育教师。随着社会的发展，很多学者提出了体育教师教育重心"后移"的主张，因为职前教育毕竟是一个终结性体系，从体育教师专业发展全程的角度来看，高等院校体育专业培养出来的只是体育教师的"毛胚"，要切实提高体育教师的质量，必须加大体育教师继续教育的力度。

（九）体育教师教育机构的"各司其职"与"一体贯通"

体育教师教育机构的"各司其职"与"一体贯通"是体育教师教育的第九个典型问题。由于历史的原因，我国教师教育体系形成了培养与培训分离、教师培养机构和教师培训机构并行的二元结构，即职前教育与职后教育貌合神离、相互脱节，其职能也相互独立，彼此缺乏联系。因而现在有一种呼声：实现教师教育"一体化"，即将整个教师教育的过程分为职前培养、职初培养和职后继续教育三个阶段，并把三个阶段视为教师终身教育体系中一个互相联系、全面沟通、连续统一的完整系统。

（十）发展取向的"自主"与"仿外"

发展取向的"自主"与"仿外"也是影响体育教师教育发展的关键问题之一。有人并不清楚自身的特色与国情，以一种似是而非的"泛中国特色"论调消极应对或搪塞改革，其本质上属于一种因循守旧的保守主义。另有些人则在中国的体育教师教育的改革中邯郸学步，为赶时髦而一味猎奇，大吃"夹生饭"，其实质是崇洋媚外的历史虚无主义。

三、体育教育专业教学改革策略和建议

体育教育专业的改革是一种教育决策，这种决策应是一个科学研究的过程，而任

何科学研究都应是一个合乎规律的历史过程的继续，即对历史及现实的把握是决策的前提。笔者认为，专业及其存在实体——课程体系，是一种动态的社会文化现象，专业改革是时代的要求，但要改革并能改得更好，就必须了解现在的专业及其内在结构是怎样的，为什么是现在的样子，这样才能在理解现实的基础上，确定现在的专业是否到了需要对其进行改革的时候，并能在何种程度上对它进行改革，如何进行改革，才能找到根本改变它的途径，历史是过去的集合，但过去并不意味着死亡，过去仍包含在现实之中，也就是说，如果研究和改革现实的专业问题，不从历史的角度考察其形成、发展的脉络以及相关的促动因素，探究其历史的局限性和合理性，那么，所进行的研究以及在这种研究指导下的专业改革实践就难免带有局限性和盲目性。因此，历史地、逻辑地看待体育教育专业发展历史的合理性与局限性，准确把握当前存在的问题，以连续、发展、前瞻的观点及以多视角、多因素的方法研究体育教育专业的改革问题，应是我们的基本思路。

（一）把握教育潮流，深化课程改革

体育教育专业的课程改革是对高等教育改革重心转移的顺应，师范教育专业化的理念对体育教育专业的课程改革提供了新的取向，学校体育的改革与发展对体育教育专业的课程改革提出了直接的要求。课程综合化是当今高等教育课程改革的主要趋势之一，是课程优化的重要内容。体育院、系课程综合化是强调有机地将各门学科知识、社会、学习者等各种课程要素有机地整合起来，通过学生主体的关联式、研究性、体验式等综合性学习，克服专门化分科课程的局限，使学生形成广博系统的知识结构，提高综合能力，发展情意个性品质，实现个性全面和谐发展的课程改革理念和实践方法论。重视课程的综合化是解决当前体育专业课程膨胀问题的出路之一，也是培养具有综合素质复合型体育专业人才的途径之一。

（二）推进专业化进程，强化专业支撑

体育教师的培养必须实现由"师范教育"向"教师教育"的制度性转轨，进而建立专业化的发展思路。推行体育教师教育专业化是对教师专业化这一世界性潮流的顺应，是深化学校体育改革和提高体育教学质量的需要，也是体育教师职业可持续发展的制度保证，它还可以为现代体育教育学科的发展促生新的增长点，进而带来整个体育高等教育质的飞跃。体育教育专业课程改革专业化取向的根本要求就在于，必须明

确并构建专业化的课程体系，这个体系不仅要有宽厚的专业基础课，还应有体现并反映体育教育、教学特性的专业课。以专业化为取向的体育教育专业课程改革，其前提是把体育教育、教学以及体育教师当作专业工作和专业性职业来看待，这就要求专业教育不仅要为体育教师专业化发展提供必要的专业基础课，而且要提供能体现并支撑其专业发展特殊姓的专业课。而体育教育学类课程则是其专业课的集中体现。

另外，传统的体育教师教育专业化取向以"运动技能"为主，这一取向具有较大的局限性，目前已无法适应学校体育发展的需要。研究表明：体育教师"'如何教'的知识和能力"应该成为体育教师专业化的致力点，这种知能具有可操作性、默会性、个体性和实践性的特征。

（三）着眼教学智慧，培养教学人才

体育教学具有层次性，它包括从经验到科学再到艺术的三种不同境界。体育教学不仅需要建构于现代科学的基础之上，而且需要教师对教学经验的扬弃，更需要融入体育教师的教学智慧。只有这样，它才能焕发艺术的魅力和生命的活力。"学会教学"因而应成为体育教师专业发展的致力点。在新的历史条件下，现行高等体育教育专业的发展已不能完全适应基础体育教育改革和《新课标》实施的要求。高等体育教育专业应在新课改指引下重新明确自己的培养目标，走出"运动员型教师"培养的误区，以基础体育教育改革的理念为导向，跳出课程与教学领域的藩篱，与时俱进地接纳《新课标》，并将其列入高等体育教育专业教育教学内容之中，应加大体育教育专业教师培训的力度，以培养出更多适应基础体育教育改革和《新课标》实施要求的合格的中小学体育师资。

（四）着眼未来发展，培养创新人才

新时期的体育教育专业应着眼于培养学生的创新精神、开阔的知识视野以及富有开创性的思维方式和实践能力，应该使这些未来的体育教师保持事业发展的敏感性，随时了解并掌握社会发展变化对学校体育产生的新的影响，及时调整自己的教学思路，不断以新的工作方式适应新形势的需要。事物有创新才有生命力，"一招鲜,吃遍天"、"一技在身，终身受用"等观点，是保守性的观点，与当代和未来社会的多变性、竞争性和创新性是相悖的。体育教师不应该仅仅是传统体育文化的传承者，而应该同时是新文化的创建者；不应该是现成知识、技能的搬运工，而应该是与学生平等相待，教学

相长的亲密朋友；不应该是故步自封的教书匠，而应该是不断超越和更新自我的教育家。

总的来看，体育教育专业当前所面临的核心问题是，如何其现由以往的着重"资格取得"转向现在的着重"专业精进"。在这一转变过程中，各种困惑以及论争的出现在所难免，体育教育专业的发展与改革，也正是在对这些问题的梳理与解决过程中不断深化的。体育教育专业的发展与改革，必须置于整个高等教育以及教师教育发展的大背景下进行宏观规划，必须适应未来社会对创新型体育人才的要求。从体育教育专业的发展取向看，"专业化"应该成为体育教育专业发展与改革的基本途径，而且原有"运动技能"主导的专业化取向应该得到超越，进而确立"专业知能"以及教师的教学智慧作为新的专业化基点。在体育教育专业的发展与改革中，作为专业的存在实体的课程，应该视为重中之重，体育教育专业课程改革的主要措施包括，推行体育专业课程综合化、重构体育专业"术科"教学范式等。需要特别强调的是，作为整个体育教师教育的一个环节，体育教育专业教育要取得实质性的质量提高，需要招生制度和职后继续教育的配套改革，若不如此，体育教育专业的发展和改革则会始终重点不明，方向不清。回顾过去，展望未来，体育教育专业的发展与改革依旧任重而道远。

（五）贯彻免费教育，致力模式创新

师范生免费教育的"回归"，为新形势下的教师教育改革带来了新的活力。在它的刺激下，试点学校的教师培养模式会发生一定的变化。从长远来看，这不仅是试点学校的大事，也是关涉整个教师教育培养模式的大事。但我们也应清楚地认识到，师范生免费政策的回归并不能从根本上确保高素质中小学体育教师的供给，高质量的中小学体育师资的培养必须基于各试点师范大学体育教育专业的人才培养模式的创新。模式创新的要点在于，它必须建立在"复合人才"、"主体在场"、""弹性方案"的理论基础之上，要为学生提供"多样套餐"与"多元平台"，并有效地整合学习、研究与实践三个环节。只有这样体育教育专业才能面向新世纪素质教育和基础教育改革以及农村的体育教育实际，为社会提供高质量的，尤其是适应农村基础教育的合格的体育教师。

四、高校体育教育专业教学改革的专业化走向

课程总是基于一定理论基础之上并受一定价值取向制约的。由于课程理论基础的多样性，现实的课程改革更多地受制于一定的教育观念，也就是说，一定的教育价值

取向往往是课程设计及课程改革的先导。体育（教育）专业课程发展的历史也表明，课程的改革每次都受到一定时期教育观、体育观的影响。因而，确定明确的价值取向是体育教育专业课程改革的前提。那么，如何对体育教育专业课程进行改革就成为当前所面临的问题，而其中的关键问题则是以什么样的导向来进行改革。笔者认为，以专业化为取向应是体育教育专业课程的改革导向。

虽然体育教育专业具有"双专业"属性，不仅要体现师范教育的特色，还要体现体育专业教育的特色，其培养的本位目标指向——体育教师也要具备教育人才和体育人才的特点。但由于体育教师首先应是教师，而后才是教体育的教师，因此，体育教育专业的特色应具有师范专业教育共性或基本特性基础上的特色；体育教师的人才特点也是教师这一专门职业共性素质基础上的特点。由于体育教育专业本质上的师范性，对体育教育专业课程改革专业化取向的理解，还有赖于对师范教育专业化的认识。因而，下面从专业及专业化、教师的专业属性及教师专业发展等概念的分析上来认识师范教育的专业化问题，并在此基础上分析、论述体育教育专业课程改革的取向及策略问题。

（一）教师职业的专业属性

师范教育专业化问题起源于如何提高基础教学质量及教师职业的社会地位。当前，一个全球性的教育问题是，最优秀的学生不愿上师范专业。出于提高教育质量的目的，努力提高教师的社会地位以增强教师职业的吸引力，是各国惯用的做法。但一种职业社会地位的高低受多方面因素的影响，既有社会的因素、观念的因素，也有职业自身的因素，其中职业自身的因素是最关键的。职业自身的因素对其社会地位的影响取决于该职业的性质，即它是否是一种专门性的、具有不可替代性的职业以及它的专业化程度如何。正如顾明远教授所指出的，社会职业有一条铁的规律，即只有专业化才有社会地位，才能得到社会的尊重。如果一种职业是人人都可以担任的，那么，它在社会上是没有地位的。如果一种职业没有一定的专业地位，就难以体现出该职业从业人员劳动价值的优越性，那么，在市场经济下也就难以得到与这一专业地位相应的社会地位资源，如权力、工资、晋升机会、发展前途、工作条件等。也就是说，一种职业的专业化程度决定了该职业的专业地位，而一定的专业地位又决定了该专业的社会地位及相应的社会地位资源。同样，教师职业的专业化程度即其专业地位如何，也从根本上决定着教师职业的社会地位。

能力导向视角下体育教育专业教学实践改革与创新

由于教师职业从性质上，即从其对社会发展的重要性上看，是一种专门性职业，但其专业化程度与医生、律师等专门性职业相比又有逊色之处，因而教师职业尚没有获得普遍认可的专业地位。因此，以提高教师的专业地位来提高教师的社会地位，进而提高基础教育教学质量，已是各国普遍的做法。而教师专业地位的提高又有赖于师范教育的改革，于是，如何提高教师教育的专业化程度，进而促进教师专业的发展，已成为发达国家师范教育改革的热点，当然，对此的理解还有赖于对专业及专业化、教师职业的属性、教师的专业化、教师专业发展等问题的认识。

1、专业及专业化

专业一词有多种含义，从教育学范畴讲，是高校为培养专门人才设置的专业，是培养专门性人才的基本单位，由特定的培养目标和课程体系组成；从社会学范畴讲，专业指专门性的职业，指必须经过专门化的高等教育后方能从事的复杂职业。在汉语中专业也有"专门从事某种学业或专业和专门的学问"两层意思。教育学范畴的专业与社会学范畴的专业虽有视角的差异，但两者的联系是密切的。高等教育的专业设置必须考虑专业的培养方向，即职业指向，且必须以专门性职业所需要的学科知识、技能作为自己专业课程体系的资源；而社会分工导致的专门性职业的从业者又必须通过专门性的高等教育来培养。也就是说，社会分工造成的职业种类很多，但并非每一个职业都可被称为专门性的职业，即专业性职业或专业。而从事非专业性的职业人员也不必由高等教育设置的专业来培养，尤其在高等教育还不普及的情况下。那么，怎样的职业才能称为专业，或者说专业或专门性职业的标准是什么？这实际上是怎样理解专业及专业化的问题。

由于国情及研究的出发点不同，到目前为止，对专门性职业即专业的认识也多种多样，对专业所下的定义及特征的描述也不尽一致。又由于职业分化由社会分工所致，所以对社会职业的专业性研究也多从社会学角度进行，并更注重从结构功能主义出发，以特质模式进行分析。早在20世纪30年代，卡·桑德斯就为这一术语作出了解释："专业是指一群人在从事一种需要专门技术的职业，这种职业需要特殊的智力来培养和完成，其目的在于提供专门性的社会服务。"日本学者石村善助把专业理解为："通过特殊的教育或训练；掌握了业经证实的认识（科学或高深知识），具有一定的基础理论的特殊技能，从而按照来自非特定的大多数公民自发表达出来的每个委托者的具体

第六章 高校体育教育专业教学改革策略与实践

要求,从事具体的服务工作,借以为全体社会利益效力的职业。"关于专业性职业的特征或标准,也有不尽一致的认识。英国学者何伊尔(Hoyle)归纳了作为一个"专业"需要的基本条件是:(1)专业必须是承担着关键性社会职能的行业;(2)履行这一职能需要相当程度的专门知识和技能;(3)这些知识和技能不是在完全常规化的情景中,而是不断针对新问题、新情况实施的;(4)尽管从经验中获得的知识非常重要,然而仅有这些诀窍似的方法是不够的,从事专业的人必须掌握一门系统的知识;(5)掌握这些知识、发展这些技能需要接受高等教育;(6)这段时间的教育与训练还包括接受和形成专业的价值观念;(7)这些价值观念以保护顾客的利益为中心,并因此扩展为本行业的道德规范;(8)由于以知识为基础的技能必须在非常规的情景中实施,针对具体案例自主地作出专业判断就成为至关重要的准则;(9)有专业组织并且对有关的公共事务拥有专业发言权,对本行业人士的职责和实践具有专业控制权,对社会有高的专业约束自治权,(10)长期的训练、高度的职责,以顾客为中心的服务应该得到回报,包括受到高度尊重并得到报酬。美国的学者则认为,专门性的职业应具有以下特点:(1)职业本身具有完善的、高标准的、有竞争力的知识基础;(2)长期复杂的训练过程;(3)职业成员有较多的自主权和为他人服务的责任;(4)具有特定的职业道德观;(5)受过良好的文理教育并不断追求新的知识和技术;(6)职业成员必须具有值得公众敬仰和信任的个人品质;(7)经济上的保障和较高的社会地位。如果某一职业不完全具备这些特点,就可以称为半专业性技术职业。

虽然各国学者对专业特征指标的认识有所差异,但基本精神还是相当一致的。在综合国外有关研究的基础上,我国学者对专业的标准也提出了概括性的论述,认为:一种职业能否被称为专业不仅仅以学历或业务要求为标准,而是由与职业性质相关的综合性要求决定的。因而提出公认的专业至少有三个方面的规定:首先,作为专业的职业实践必须有专业理论知识作依据,有专门的技能作保证。因此,从事专业工作的人任职前必须接受过规定的专业教育,同时,每一个专业还必须具有与其他专业有区别的专业要求,方能具有独立专业的资格。其次,作为专业的职业,承担着重要的社会责任,应把社会利益、服务对象的利益放在首位,也就是说,对从业人员应有较高的职业道德要求。第三,作为专业的职业在本行业内具有专业自主权。

由于研究的背景及视角不同,不同学者对专业所下的定义也难以一致。但这并不影响对专业问题的研究，因为专业本身是变化的，专业的概念也是不断完善的。西方国家对专业特征的描述及标避的确立往往以比较成熟的专门性职业（如医生、律师等）的特征为参照，因而，所提的特征或指标体系往往是一种理想化的专业模式。这些专业模式也的确为职业的专门化提供了理想目标，使"半专业"或"准专业"的职业有了专业化的方向，而专业化就是这些"半专业"或"准专业"迈向专业的一个持续不断的、并有阶段特征的过程。

2、教师职业的专业属性

那么，按照以典型的较成熟的医生、律师等专业性职业特征而确立的专业标准来对照，教师职业是否符合专业的标准，即教师职业是否是一种专业呢？从国际组织方面看，1966年国际劳工组织和联合国教科文组织发表的《关于教师地位的建议》中已对教师职业的性质作了明确说明："应把教育工作视为专门性职业，这种职业是一种要求教师具备经过严格而持续不断的学习和研究才能获得并维持专业知识及专门技能的公共业务；它要求对所辖学生的教育和福利具有个人的及共同的责任感。"这实际上更多的是关于教师应该成为专门职业的一种强调，反映的是一种理念，并不能反映教师职业的实际专业地位。况且，即使是政治文件的定性，也不能代替学术的论证。学者们往往以较成熟的专业标准来衡量教师职业的专业地位及专业属性。日本学者认为，如果以专业标准来衡量教师职业，它还存在许多缺陷，主要表现在：第一，教育实践中包含的知识、技能缺乏作为一门专业的那种独特性，不能维持有别于其他专业的严密性；第二，教育工作的内容和程序都事先作了详细而具体的规定，教师的自由时间和工作独立性都比其他专业少；第三，教师的修业年限远比其他专业短；第四，教育许可资格容易获得；第五，教师多出身于社会中下层；第六，教师经济待遇低下。教师仅在非赢利性服务这一点上符合专业标准，在专业技术和长期训练及特殊才能和素质上尚逊色于其他专业。因而，教师只能达到"准专业"的水平。美国学者较一致的看法是："依照目前的表现诊断，教育只能算是半专业。不过，就其贡献及社会功能而言，在本质上，教育应该是一项专业。平心而论，教师一职并未充分发挥其潜能。"我国学者多从教师的特性及教师培养的角度对教师职业的专业性进行分析。基本的观点有："教师是一种不同于其他任何职业，具有其固有特性的专门职业。教师劳动产品是'活'产品，某个教师的某种直接作用的效用是较难确定的，也不易看到短期的成败效应。与医生、律师等专业相比，是有一定替代性的专门职业"；"教师职业的专业化还只处在初级阶段"；"我国的师范教育还只是一种'职业'定向，还没有建立起真正的使教师定向专业化道路的所谓'教师专业'，以及适应这个专业特点的课程结构体系"。

比较而言，我国的现代教育起步较晚，师范教育出现仅近百年，现代教师的专业化起步也较迟，加之基础教育的规模庞大，满足教师的数量之帝是教师教育长期面临的主要任务，教师专业化程度的提高一度进展缓慢。改革开放以后，尤其是 20 世纪 90 年代以来，提高教师的专业化程度已被提上日程。1993 年通过的《中华人民共和国教师法》确立了"教师是履行教育教学职责的专业人员"，"承担教书育人，培养社会主义事业建设者和接班人，提高民族家质的使命"。《中华人民共和国教师法》把教师确定为教育教学的专业人员，并将其与民族素质的提高及国家建设者和接班人的培养联系在一起，可以说，它第一次从法律上确认了教师社会地位的专业性和神圣性，为提高我国教师的专业地位提供了法律保障。

从国内外情况看，显然，对于教师专业的现状并非实质上的"有"或"无"的问题，而是专业化程度上的高低问题。从教师职业的社会功能看，它确实具有其他职业无法替代的作用，但就专业现状来讲，与其他较成熟的专业如医生、律师等相比，还不得不承认由于教师职业的专业化程度不足，使其处于"半专业"或"准专业"的状态。也正因为如此，提高教师的专业化程度也才有了必要，而如何通过提高教师的专业化程度以提高教师的社会地位并最终提高教育的质量，也成为各国共同关心的问题。

（二）教师专业化与师范教育专业化取向

1、教师的专业化

专业代表着一类特殊的职业，这类特殊的职业之所以被称为专业，在于该职业及从业人员必须达到公认的一系列"专业"标推，专业化就是这类职业及从业人员迈向这一公认的"专业"标准进而成为专业的不断努力过程，这一过程也就是"半专业"或"准专业"不断提高其专业化程度的过程，即是其专业发展的过程。教师职业从性质上看已被认为是一种特殊的专业，但其专业化程度不高也是公认的，因而还必须是高教师的专业化程度，而这一提高的过程，也就是教师专业化发展或教师专业发展的过程。由于专业达标标准的多样性、高要求性以及教学工作的特殊性，教师专业的发展表现出多因素制约、多主体配合、多内涵、多阶段、多途径等特点。目前，各国在促进教师专业化程度提高时，多以社会学家所总结的专业化模式为航标，主要通过教育专业知识技能的完善、教师社会地位的改善、专业组织的建立和自主权力的获得、专业标准的提高等来促进教师专业化的发展。如果说以往主要以提高教师的社会地位来促进教师专业的发展，进而促进教育教学工作质量的提高的话，那么，20世纪80年代以来则主要强调通过教师专业的发展来提高教育教学质量。促进教师专业地位发展的途径是多方面的，但以往则过于着重以提高教师的社会地位为途径，强调专业组织的建立、权力的获得，而忽视从教学工作专业化程度的提高这一更为根本的途径出发。现在，人们逐步认识到，地位的提高尽管重要，但更重要的是教职人员本身的专业化及教学工作专业化的程度。因为教学工作的改进，自然会成为专业地位加强的依据。因此，通过教师专业化的发展，即通过专业化程度的提高来提高教学工作的质量，进而达到教师社会地位的提高，已是世界各国普遍的做法。美国即是这样一个典型的国家。20世纪80年代以来，美国政府在日本、德国经济腾飞的压力下，在审视了本国的教育状况后，发出了"国家处在危机之中"的疾呼，认为必须进行教育改革，而教育改革的成败关键在教师。1986年发表的卡内基委员会报告《以21世纪的教师装备起来的国家》和霍姆斯小组报告《明天的教师》两份文件同时提出：公共教育质量只有当学校教学发展成为一门成熟的专业时才能得以改善。为此，教师专业化在20世纪80年代后期被提到美国国家教育改革的议程之中，希望通过加强教师的专业教育、强化教师职务梯度、鼓励教师参与行政、提高专业报酬、实行全国性资格证书制度等措施，促使教师成为一门真正的专业。而以教师的专业发展作为师范教育的改革方向，努力提高教学工作的专业化水平，是这两份文件的核心思想。

当前，从世界范围来看，人们普遍认识到，要提高教学工作的质量，并非仅通过提高教师的社会地位、提高经济待遇、改善工作条件就可以解决，还必须从教师这门职业出发，尊重教师职业特点，从整体上对教师职业加以审视。历史的经验及理性的认识使人们相信，通过促进教师的专业化发展来提高教师的质量、改善教师社会地位、树立教师的社会形象，进而实现提高未来教育质量的目的，可能是更有效的途径。

2、教师专业发展及师范教育专业化取向

前面的论述已经说明，教学工作是一种专业工作，从事教学工作的教师职业被看

成是专业性职业（专业），教学工作专业化水平的提高有赖于教师的专业发展；而促进教师专业化发展已是20世纪80年代以来发达国家所追求的，师范教育的专业化也成为师范教育的新理念。那么，教师专业发展及师范教育专业化理念的内涵又是什么呢？

既然把教师职业看做是专业性职业（专业），而其专业化程度尚不高，那么其专业的发展就应具备专业性职业发展的一般特征。因此，教师专业发展这一概念的内涵就是把教学工作视为一种专业工作，把教师视为一个持续发展的专业人员，需要通过不断的学习与探究历程来拓展其专业内涵，提高专业水平，从而达到专业成熟的境界。教师专业发展要强调两点：首先，强调教师作为一个教育教学的专业人员要经过一个由不成熟到相对成熟这样一个专业人员所必须经过的发展历程。因为，新教师虽然经历了职前的教育训练，并获得了合格的教师资格证书，但并不意味着他就是一个成熟的教学专业人员，也就是说，教师的专业发展空间是无限的，成熟只是相对的，而发展是无限的。其次，教师的专业发展强调教师作为一个发展中的专业人员，其发展的内涵是多层面、多领域的，既包括了知识的积累、技能的娴熟、能力的提高，也涵盖了态度的转变、情意的发展。

基于这样的概念，教师专业发展的阶段和教师专业内涵的研究已成为教师专业发展研究领域的两大主题。在教师专业的发展阶段方面，虽然研究的方向不同，但把教师职前与在职教育的专业发展联系起来，把两者看成是一个完整的、持续的专业发展过程，是多数研究者的共识。教师专业内涵的研究，多从教师专业知识的发展、专业技能的娴熟、专业情意的健全三方面进行。如果说，对教师专业发展阶段研究关心的是教师专业如何发展，那么对教师专业内涵研究关心的则是教师专业的哪些方面在发展。因为教师专业的发展不仅是个时间的历程，伴随这一历程各阶段的还有作为教师专业内涵的知识、技能、情意的变化与发展。

由于教师的专业发展是多阶段、多内涵的持续发展过程，因此师范教育就应该提供相应的全程支持，师范教育专业化的概念也就随之而出了。师范教育专业化（取向）这一概念，是指师范教育的方案要根据教学工作的性质和教师专业发展的要求进行规划和实施。既然师范教育要以专业化为取向，那么师范教育就得具备能促进教师专业发展的学科基础。但由于师范教育的学科基础——教育科学的地位尚不如师范教育制度那样稳固，发展与完善教育科学体系就成为师范教育专业化所面临的问题。尽管如此，这并不能成为阻碍师范教育专业化的理由，反而应成为发展教育科学、促进师范教育专业化的动力。因此，以促进教师专业发展为目的的师范教育的专业化取向就成为师范教育的新理念。而重视师范教育的教育科学体系的发展与完善、构建职前与职后教育相结合的一体化师范教育制度，是师范教育专业化取向所强调的。

（三）体育教育专业课程改革的专业化取向及策略

1、体育教育专业课程改革专业化取向的必然性

前面对师范教育专业化取向的分析、概括，是从包括各师范专业教育在内的"师范教育"这一总括性概念意义上进行的，因而，师范教育专业化取向这一理念具有普适性，并且要通过各具体的师范专业去体现和落实。也就是说，师范教育专业化取向的理念涵盖了各个具体师范专业教育的取向，各师范专业教育的改革取向也应顺应这一专业化理念。体育教育专业作为师范专业教育的一种，自然不能例外。那么体育教育专业的专业化取向所指的是什么呢？既然教师专业的发展把教学工作及教师当作专业性工作和专业人员，师范教育专业化取向是指师范教育的方案要按教学工作的性质和教师专业发展的要求进行规划和实施，而体育教学、体育教师又属于"教学"和"教师"的范畴，那么，作为师范专业教育的一种，体育教育专业的专业化取向即指，该专业的教育方案要按体育教学的性质和体育教师专业化发展的要求去规划和实施。由于专业是按特定方向组织起来的课程体系，按一定方向组织起来的课程体系就是专业的实体。因而，从教育内容的视角看，体育教育专业的专业化取向从根本上说还要通过相应的专业课程体系来体现和落实。因此，以通过促进体育教师专业发展来促进体育教育、教学质量提高为目的的体育教育专业的改革，必然要求其课程改革以专业化为取向。根据师范教育专业化的核心思想，可以认为，体育教育专业课程改革的专业化取向是：以促进体育教师专业发展为中心进行专业课程体系的统一与整合，尤其注重能体现其专业性的课程构建，为体育教师的专业发展提供课程支持和支撑，这不仅是对师范教育专业化趋势的顺应，也是对以往体育教师社会地位及专业地位的反思。

如果说以往教师总体的社会地位及专业地位不高是不争的事实，那么比较而言，体育教师的社会地位及专业地位则更为低下。"同工不同酬"是以往一些学校时常发生的现象，也是体育教师以往经常面临的问题。长期以来不仅优秀学生报考体育师范专业的相对不多，即使一些已进入体育教育专业的学生也认为，"如果万一分到中学，

又没有办法调走，那就是一生中的不幸了"，"而在职的体育教师专业思想不稳，打算改行的也大有人在"。与此相应，没有经过体育教育专业教育的人也常挤进体育教师队伍。退伍军人、退役运动员直接从事体育教学是以往的常见现象，以至于体育教师形象有了"武人"、"军人"、"教练员"的色彩，而缺少"体育教育者、育人者"的形象。从学历来看，中学体育教师学历达标率也是较低的。从以培养体育教师为本的体育教育专业来看，任课教师的学历层次也同样相对较低。这说明，体育教师的社会地位及专业地位有待提高。提高的途径虽然很多，但提高体育教师的专业化程度则是员为重要的途径，而这最终要通过体育教育专业课程的专业化来落实。以往体育教育专业课程改革中的一个问题就是过于强调"学科"与"术科"的比例，这种比例之争源自于"师范性"与"学术性"之争。其实，不仅"术科"中有师范性问题，"学科"中同样也有个"师范生"问题。对"学科"、"术科"比例的过分强调，隐含的前提仍是基于一次性本科教育即可培养优秀体育教师的理念，这种理念并不把体育教学工作看作专业性工作，也不把体育教师看成是需要不断学习和探索才能趋于成熟的专业人员。实际上，"学科"与"术科"只是体育教师专业发展多个内涵中的一个方面。因此，以视体育教师是专业人员为前提，以促进体育教师专业化发展为直接目标，即以专业化为取向进行体育教育专业的课程改革就显得非常必要了。

2、体育教育学学科体系构建：体育教育专业课程改革专业化取向的行动策略

既然视教师职业为专业性职业是师范教育专业化取向的前提，而专业性职业的最重要特征是它构建于一定的学科基础之上，并要使这些学科体现于相应专业教育的课程里，以表现专业教育的特点和存在的理由，那么，要进行以专业化为取向的体育教育专业（课程）改革，就要求我们必须重新审视其依据的学科基础，并为专业化取向的课程改革提供课程资源。专业教育的课程来源于专业所构建的学科基础，那么，体育教育专业（课程）又构建于什么学科基础之上，其支撑学科（课程）又是什么呢？

师范教育史的研究表明，师范教育的产生和发展与教育科学的发展和完善相伴，师范教育制度的确立及巩固也是教育学科不断完善的结果。虽然教育科学的地位还没有师范教育制度那样稳固，但教育科学的发展的确为师范专业教育提供了学科支持。体育专业教育发展史的研究也表明，满足社会对体育教师的需求是体育专业教育发生、发展的最初和早期的动因，因而体育专业教育制度也基本依附于师范教育制度，其学科基础也多依赖于教育学、心理学。由于对学校体育功能早期的追求更多地趋向于健身，因而与生物学和医学相关的学科也是体育专业教育课程的主要学科基础。例如，美国早期的体育专业教育课程中就多有由生物学和医学学科组成的课程，生理学、解剖学、卫生学是其传统课程，且多由医学专家执教，这一传统对今天的体育专业仍有重要影响。可以说，教育学、心理学、生物学、医学等学科是早期体育专业教育的学科基础。

我国体育专业教育的历史发展也表明，体育专业教育的最初社会动因也是为社会提供体育（体操）师资，因而其专业制度也与师范教育制度相伴。由于我国近代师范教育制度由模仿日本而来，尤其是早期体育专业教育多由日本人或留日归国学者执教，因而体育专业教育带有明显的"日化"痕迹，其专业教育的课程也多以兵操及普通体操为主，教育学、心理学及医学、生理学类课程虽有涉及，但不受重视。20世纪20年代至30年代，随着师范教育模式的"美式化"以及自然主义体育思想的传入，教育学、心理学、医学类学科课程开始大量出现在体育教师培养的课程计划中。之后，这些学科课程继续受到重视，体育理论、体育学科教学法、卫生教材及教法等针对体育教育、教学特点的课程也开始广泛出现并受到重视。新中国成立初期，由于体育专业教育的"苏化"以及学校体育以技术传授为中心倾向的影响，体育专业教育的课程结构重心发生了变化，运动项目成为课程的中心，但教育学、心理学、人体生理学及解剖学仍是主要课程，体育教育学科类课程则集中于"体育理论"。至改革开放前期，这一状况无实质性变化。改革开放以后的1988年，为突出体育教学、体育教师的特点以及更加明确专业培养目标，原国家教委颁布的体育类本科专业目录中将原来的"体育"专业更名为"体育教育"专业，并提出该专业的主要学科基础有教育科学、人体科学、体育教育学，所列的主要学科课程也相应以此三方面为主，最能体现体育教育学类学科的课程被命名为"学校体育学"。

从以上体育专业发生和发展的概述中可以看出，早期体育专业教育更多地以教育学、心理学、生物学和医学（现统称人体科学）为学科基础，随后体育教学法、体育理论、学校体育学等体现体育教育、教学特点的学科课程开始出现并受到重视。可以说，以培养体育师资为本的体育（教育）专业是构建于教育科学、人体科学和体育教育学之上的，这不仅反映在专业的课程中，也反映在国家的有关文件中。但从我国体育（教育）专业的课程发展的现状中也可以发现，在以上三类学科中，我国对体育教育学类

第六章 高校体育教育专业教学改革策略与实践

课程的开发与开设重视不够,能体现此类学科知识的课程往往是"体育理论"或"学校体育学",这也反映出我们对这一学科的研究有所忽视。笔者认为,我们所忽视的这些体育教育学类学科(课程)却正是最能体现体育教育专业特征的支撑学科(课程),在当今体育专业教育已广泛分化、非师范类专业相继出现的背景下更是如此。专业性的职业不仅应有相应的基础学科(组)支持,而且更应有能突出并能体现该专业独特性的支撑学科来支撑;同样,专业教育不仅要有相应的基础课程也应有能体现该专业教育之所以存在的支撑课程,否则这一专业教育就无存在的理由。这个支撑课程也就是所谓的专业课。对于专业课,我们一般认为:"是与基础课相对,旨在使学生掌握必要的专业知识和专门技能,重在专业理论、基本规律的教学";"指高校各专业为教授学生该专业的专门知识、专门理论、专门技能所设置的课程"。显然,强调专业性是专业课的特征,而体育教育专业的专业性在于"体育教育"。因而,体育教育学类课程,理应是体育教育专业的支撑课程,即专业课。如果说,在体育专业教育还只是以培养体育教师为本、体育专业教育还没有分化的情况下,我们不强调专业的支撑学科或课程还可以理解的话,那么在体育专业教育已经分化,且各专业已有明确培养指向的现今,专业教育就必须有支撑专业存在的学科和课程,否则体育教育专业就不能体现所培养专门人才的特性。就体育教育专业来说,这个支撑学科(课程)就是体育教育学(课程),换言之,体育教育学类课程就是体育教育专业的"专业"课程(组)。

体育教育专业课程改革专业化取向的根本要求就在于,必须明确并构建专业化的课程体系,这个体系不仅要有宽厚的专业基础课,还应有体现并反映体育教育、教学特性的专业课。因此,明确专业的支撑学科及课程,并按体育教师专业发展的要求对其合理构建,是以专业化为取向的体育教育专业课程改革的基本要求之一。由于我们长期以来对此有所忽视,在以往教育(体育)行政部门所颁布的体育(教育)专业教学计划(课程)中,尚未发现有"专业课"一词,类似的提法往往是"专业基础课"、"专业技术课",或"专业主要(主干)课",其所列课程并非都是真正意义上的"专业课"。这种较宽泛的提法,源于对体育教育教学及体育教师职业专业性的认识不足,以及相应的专业课程的非专业化取向。从其所列课程名称看,虽明显有别于其他非体育类师范专业,但尚难明显区分于其他相近的体育类专业。因为这类提法所包括的人体(运动)生理、人体(运动)解剖、田径、球类等课程,是各相关体育专业的共同基础理论和技术手段课，并非体育教育专业所独有，因而难以成为该专业的支撑课程，即专业课。而以专业化为取向的体育教育专业课程改革，是把体育教育、教学及体育教师当作专业工作和专业性职业来看待为前提的，这就要求专业教育不仅要为体育教师专业化发展提供必要的专业基础课，更要求提供能体现并支撑其专业发展特殊性的专业课，其中体育教育学类课程则是其专业课的集中体现。

由于学科是课程的资源以及长期对体育教育学学科研究的重视不够，构建体育教育学类课程首先要从该学科的建设入手。因而，构建并完善体育教育学学科，是专业化取向的体育教育专业课程改革的前提工作。

概括地说，体育教育学是研究体育教育现象、本质及发展规律的学科领域。虽然对其研究范围还难做定论，但体育教育的目的、体育教育的内容、体育课程编制、体育教育与人的身心发展的关系、体育教育的手段、体育教育的评价等，应是其研究的主要问题。虽然体育教育学学科与学校体育学、体育教学论、体育教材教法密切相关，但并非它们的简单相加。影响体育教育学发展的重要因素之一，就是以往常将它们等同或视为它们几者的相加。学校体育学主要是研究与揭示学校体育工作的基本规律、阐明学校体育工作的基本原理和方法的一门总括性学科，它虽涵盖了体育教育学的内容，但由于其"总括性"而难以对体育教育有关问题深入探索，而体育教育学是学校体育学的局部，同时也是该部分的扩展和延伸。体育教学论则注重体育教学过程基本规律和特点的探索以及教学法则的理论研究；而体育教材教法则着重各具体运动项目的教法分析。显然，这后两者被包含于体育教育学之内。从以往的学校体育学、体育教学论、体育教材教法学科内容来看，它们已难以适应培养新型体育教师的需要。在现代社会重新认识体育教育的本质、体育教育与健康教育的关系、体育课程的改革等问题，都需要从理论上给予提升，而对这些问题的回答与解决已决非传统的学校体育学、体育教学论、体育教材教法所能单独胜任。因而，需要一个统一、整合的学科来对此作出解释、预测和指导，体育教育学即是这样的学科。

体育教育学的构建至少应包括以下三个层面或领域：第一，从哲学意义和原理意义上探讨体育教育与人的身心发展、与社会发展的关系，探讨体育教育的目的、任务、内容及原则、方法的关联性；第二，探讨体育教育内容的选择与组织实施和评价问题，即体育课程的编制问题；第三，探讨体育教育方法与体育学习方法的统一问题以及各自的特殊性问题。这样构建的体育教育学将会是一个学科体系，它可能会有体育教育史、体育教育目的论、体育课程论、体育教学研究、体育（运动）学习论、体育方法论、体育教育评价论等多个分支领域，但对本科体育教育专业来说，不必以课程形式与之一一对应．。

　　最后还有两点必须指出。第一，以专业化为取向的体育教育专业的课程改革。虽注重专业支撑课即专业课的改革，但不忽视专业基础课的改革。专业基础课的改革应以提供体育教师专业发展所必需的专业基础理论、专业基本技能为中心，并注重有助于体育教师专业情意发展的有关课程的改造或开设；第二，体育教育学科的构建，并非只针对本科段的体育教育专业课程改革而言。因为，体育教师的专业化发展是持续不断的长期发展过程，本科教育阶段只是其专业发展的预备或初期阶段，本科教育只是预备性教育。因此，体育教育学科体系的构建与完善，是对为体育教师专业全程发展提供支撑的课程而言的。

参考文献

[1] 马军.基于能力导向的体育教育专业"全程实践"教学模式实施路径[J].体育科技文献通报,2017(07).

[2] 程明吉,解煜.大学体育教育理论知识与运动实践研究[M].长春:吉林大学出版社,2017.

[3] 王海龙.高职体育教学实践中人文理念的融入实践探寻[J].当代体育科技,2017(05).

[4] 林岳.互联网媒体视角下高校体育教学创新研究[J].教育教学论坛,2017(02).

[5] 孙玉波."互联网+"时代体育教学实践现状与革新建构的新思考[J].赤峰学院学报(自然科学版),2016(19).

[6] 蒋宁.传统与现代交汇下的体育教学改革探索[M].成都:西南交通大学出版社,2016.

[7] 张振华.体育教学理论与方法[M].北京:北京师范大学出版社,2016.

[8] 宋海圣,赵庆彬,冯海涛.体育教学改革创新与发展研究[M].北京:中国水利水电出版社,2015.

[9] 袁莉萍.中国高校体育教育研究[M].武汉:湖北科学技术出版社,2013.

[10] 刘俊凯,赵超君.从发展的角度看体育与健康新课标[J].教学研究,2012(07).

[11] 吴雪峰.体育教学模式特征和应用的研究[J].才智,2012(02).

[12] 陈亮.新理念下的体育教学模式研究[J].教育教学论坛,2012(16).

[13] 李太行.以"健康第一"为指导,建立体育教学模式[J].科技信息,2012(12).

[14] 李红,薛海红."超市型"高校体育教学模式的构建[J].西安工程大学学报,2012(02).

[15] 李洪武.当代体育教学模式的新思考[J].教学与管理,2012(12).

[16] 冉隆刚.创新体育教学模式培养学生创新意识[J].科学咨询,2012(04).

[17] 李小涛."开放式"体育课模式之我见[J].科学大众,2012(03).

[18] 王俊峰.游戏理论视域下快乐体育教学模式的构建[J].教学与管理,2012(09).

[19] 陈传红.职业学校体育教学模式的创新性[J].文学教育,2012(03).

[20] 刘学奎.普通高校快乐体育教学模式的应用研究[J].高师理科学刊,2012(01).

[21] 江洪轲.基于拓展训练理念,探讨高校体育模式改革[J].当代体育科技.2012(03).

[22] 张弛.关于以学生为主体的多媒体体育教学模式的研究[J].中国新技术新产品,2012(02).

[23] 王玲.对优化高校体育教学模式的全面思考[J].教育与职业,2012(02).

[24] 张涛.浅析高职院校体育教学环境的优化策略[J].民营科技,2012(01).

[25] 田云平,李爱臣.体育教学环境极其优化[J].吉林农业科技学院学报,2011(04).

[26] 李妩媚.新时期我国学校体育教学模式的发展趋势[J].内江科技,2011(03).

[27] 樊翠红.谈新形势下"快乐体育"教学模式的构建[J].赤峰学院学报,2011(12).

[28] 孙巍.独立学院体育教学现状与对策研究[J].江苏教育学院学报,2011(06).

[29] 李金钟.我国高校体育教学模式现状分析及改革设想[J].大家,2011(23).

[30] 杨健吉,夏艳梅.关于高校体育课堂教学模式创新的研究[J].大家,2011(03).

[31] 郑忠波.普通高校教学模式现状及发展趋势[J].中国成人教育,2011(22).

[32] 高东清.普通高校体育教学教学评价体系改革探析[J].搏击(武术科学),2011(01).

[33] 刘建国.高校体育教学环境优化之浅探[J].剑南文学(经典教苑),2011(12).

[34] 汪凌.中美日俄体育教学目标的比较[J].成都体育学院学报,2011(06).

[35] 高鉴,王维东.对体育教学目标的探讨[J].辽宁体育科技,2011(01).

[36] 徐素华.普通高校体育课程教学改革的研究[J].改革与开发,2011(02).

[37] 蒋新国.我国体育教学原则的历史演变[J].北京体育大学学报,2010(02).

[38] 曾纪荣,汪玮琳.高校体育教学模式探讨[J].中国成人教育,2010(13).

[39] 柴新.创新体育教学模式实验研究[J].中国成人教育,2010(13).

[40] 顾民.对体育教学目标与体育教学目的协同思考[J].延边教育学院学报,2010(01).

[41] 李庆利，刘东冰，潘志龙.体育教学目标层次化与教学内容优化的实验报告 [J].2009（03）.

[42] 卢竞荣.大中学校体育教学环境的现状与发展对策研究 [J].北京体育大学学报，2009（05）.

[43] 马维强.高校体育教学改革与发展的探索 [J].中国成人教育，2009（07）.

[44] 张志刚."合格＋特长"体育教育模式 [J].教育理论与实践，2009（11）.

[45] 张莹，谢惠松.高校体育课程创意教学模式理论建构与探讨 [J].北京体育大学学报，2009（09）.

[46] 宋美金.体育教学模式的发展现状与改革对策 [J].聊城大学学报.2009（03）.

[47] 东锋.新课程下高校体育教学模式现状及对策研究 [J].四川教育学院学报，2009（09）.

[48] 马亦兵，严津.体育教学模式构建的理论探索 [J].教学与管理，2009（33）.

[49] 任兵.体育教学模式的特征及构建措施 [J].哈尔滨体育学院学报，2008（05）.

[50] 高菲菲，孟凡强.现代教育技术与新型成人体育教学模式的设计 [J].中国成人教育，2008（07）.

[51] 居晓林.高等师范学校体育教学评价体系的构建 [J].吉林省教育学院学报，2008（11）.

[52] 颜秉峰.多种体育教学模式的比较研究 [J].中国成人教育，2008（18）.

[53] 张秋艳.构建以学生为主体的新型体育教学模式 [J].武汉体育学院学报，2007（08）.